増補改訂版

# ヤド・ヴァシェームの丘に

杉原千畝とホロコーストからユダヤ人を救った人々

稲葉千晴



成文社

増補改訂版　ヤド・ヴァシェームの丘に——杉原千畝とホロコーストからユダヤ人を救った人々——目次

目次

# 増補改訂版によせて

二〇二二年二月二四日、「杉原千畝シンポジウム」に招待され、リトアニアのヴィルニュス大学を訪れていた。ホテルの朝食会場がざわついている。ロシアがウクライナに侵攻した、とリトアニア人の友人が教えてくれた。でもキエフは直線距離で八百キロも離れている。リトアニアは安全だ、心配する必要はない、と不安げな目でアドバイスをくれた。妻の姉がウクライナ人と結婚して、西部の都市リヴィウに住んでいる。引き揚げてくる彼女の家族のため、我が家を片付けなければとも語った。

ワルシャワの中心部でデモ帰りのウクライナ人カップル、2022 年 2 月 25 日夜

シンポジウムの開会挨拶のとき、リトアニア外務次官が悲痛な顔でロシアを糾弾し、我が国はウクライナを全面的に支援すると強調した。ネットを見ると、ポーランドとの国境に避難民が押し寄せていた。杉原千畝も第二次大戦勃発時にリトアニアに流入する難民関連の記事を、カウナスで読んでいたに違いない。まさに戦争の足音が近づく疑似体験をしているかのようである。

翌二五日、飛行機でワルシャワに降り立つ。街は戦争反対のプラカードを持つウクライナ人であふれていた。ワルシャワの

ウクライナ国旗を掲げるワルシャワのトラム

市電やバスにはウクライナ国旗が掲げられ、ポーランドも連帯するという意気込みが感じられた。だが郊外のガソリンスタンドには、数キロにわたり車列が並ぶ。市井では、人々が紛争に巻き込まれる不安を隠しきれない。ＥＵ経済制裁によって欧州の航空会社がロシア上空を飛べなくなり、経由地のヘルシンキで帰国便が欠航した。再開は未定だという。海外旅行保険では戦争に起因する事態に保険金は支払われない。フィンランドの友人の家に泊めてもらい、保険金なしでも難民化することなく、一週間後無事に帰国の途についた。一瞬ではあるが、難民のかかえる不安感を共有できた。

何が不安の要因なのかを突き詰めて考えると、お金の問題に行き着く。避難先で孤立する難民は、支援がなければ日々の食事にも事欠く。政府・民間を問わず、支援組織が重要な役割を果たす。民間の支援組織の原資は募金と寄付金である。広く募金を呼び掛けて支援金を集める。新聞に広告を掲載して銀行振り込みを求め、ボランティアを動員して街頭募金や戸別訪問を行う。こうした努力の成果が難民の生活を支える。第二次世界大戦中、アメリカのユダヤ基金は欧州で危機に瀕するユダヤ人を救うため、繰り返し募金を行い、集まった支援金を彼らに送金した。「命のヴィザ」を持つ難民がリトアニアから日本に生還できたのは、米ユダヤ基金による募金のおかげでもある。

ナゴヤドーム前での街頭募金の一コマ、2022年6月1日

こうした結論を導き出した千畝研究者が、難民の不安感を若干でも共有したにもかかわらず、ヨーロッパで懸命に生きるウクライナ避難民を横目に、研究報告書を提出するだけでよいのだろうか。米ユダヤ基金のように対象を絞って募金活動を展開すれば、非力な歴史学者でも難民を支援できるかもしれない。二二年四月末、知り合いの研究者や名城大学の学生を巻き込み、「杉原千畝ウクライナ難民募金」を立ち上げた。千畝にちなんで、対象はリトアニア北部シャウレイ広域市に逃れてきたウクライナ避難民母子に的を絞った。物価の安いリトアニアに円高の恩恵を受ける円で送金すれば、日本より三倍の支援ができると皮算用ではじき出した。稲葉ゼミの学生に幟《のぼり》と募金箱を作らせ、野球のデイゲームに合わせてナゴヤドーム（バンテリン・ドーム）前で、学生たちと街頭募金を始める。

　二二年四月二七日〜二三年六月二〇日、街頭募金を計一二回行い、協力学生数（豊川高校生を含む）は一〇〇名以上、五〇〇〇人以上から寄付をいただいた。くわえて募金口座への銀行振り込みと三か所に設置した募金箱への寄付を合計すると、総額で六、六九五、四二〇円の寄付金が集まった。第一回のシャウレイ広域市への送金は三五、〇〇〇ユーロ（二二年六月一四日）、第二回のヴィタウタス・マグヌス大学ウク

シャウレイで講義を受ける難民の母親たち

ライナ・センター（ヴィルニュス）へは一〇、七〇〇ユーロ（二三年一一月一六日）にのぼる。海外振込手数料を差し引いた結果、現在の募金残額は〇円である。

　第一回のシャウレイ広域市への送金の使途は、市から次の報告を受けている。一〇八〇人の難民（主に母親）に対して二二年七月から一一月にかけて、市の三つの難民支援施設で、語学や就職支援関連の一三講座（一回の講義二時間で一六回）が実施された。その結果二四八名が二二年末までに新たな仕事につくことができた。

　第二回のウクライナ・センターへの送金は、二三年一二月のクリスマス・イベントの経費と、難民の子供たちが、ウクライナ語や母国文化を忘れずにしっかり学ぶための「土曜学校」の運営にあてられた。

　ウクライナで戦争が勃発して二年以上経つものの、帰国できない難民母子も少なくない。支援形態も難民の定住支援に移行しており、子供が父親と会えない状況も固定化されている。彼らへの支援は今後とも必要ではあるが、リトアニアの物価も上がり、円安で日本からの送金の価値が下がった。さらに日本でもウクライナ侵攻に関心を持つ人が減り、募金活動が難しくなってきた。くわえて現在では日本でウクライナからの避難民が増え、支援の優先順位を考え直さなければならない時期にきている。「杉原千畝ウクライナ難民募金」も方向転換を迫られている。これまでの活動は次のホームページを参照されたい（https://inabaseminar.sakura.ne.jp/chiunebokin.htm）。募金に協力してくださった次の組織・個人に感謝を申し上げたい（敬称略）。在日リトアニア大使館、十六銀行、中日新聞、豊川高校、名古屋市、日ロ友好愛知の会、名城大学、森岡産業（株）、下呂温泉睦館、大衆割烹せと路、網中政樹、岩井眞實、近藤敦、志村ゆず、川崎宏三、伊藤智英（名城大学）、岩本たかひろ（名古屋市議）、尾崎哲（在リトアニア日本大使）、加納格（法政大学）、小林達夫（下呂市）、佐藤久美（名古屋国際工科専門職大学）、鈴木隆（名古屋学院大学）、デヴィット・グリーン（名古屋大学）、松島芳彦（共同通信）、村瀬幸雄（十六銀行会長）他。

完成したクリスマス・デコレーションと共に立つウクライナ難民の子供たち

杉原千畝研究も新たな段階に入った。これまで千畝の善行を顕彰することが研究の主な役割だったが、現在では、難民支援にかかわった各種のアクターの史実を検証する研究が増えている。この作業では、オスカー・シンドラーやラオル・ワレンバークといった高名な「有徳の人」も批判的な面も含めて多面的な分析がなされている。本書では、千畝だけでなく、リトアニアの難民受け入れ、ユダヤ教超正統派のミール神学校の活動、米ユダヤ基金の募金と支援に焦点を当てた。
一点だけ気になっていたことがある。二〇一八年に名古屋市の瑞陵高校前に杉原千畝広場が建てられた際に、七月末に杉原と面会したという想定なのに、コートをはおった難民の銅像が立てられた。当時杉原の妻が撮った写真には、コート姿の難民が多数写っていたからである。だがリトアニアは緯度が高いといっても、七月に防寒具は不要だ。なぜ難民はコート姿だったのだろうか。フィンランドに留学した大学時代、七月に学生たちと湖のほとりでキャンプをした。テントで寝ていたら、明け方が寒すぎて眠れなかった。北欧やバルト三国では、夏でも朝晩の冷え込みは非常にきびしい。当時の難民たちは、明け方を屋外で過ごしていたからこそ、コートが必要だったのだろう。留学の経験が歴史の検証に少しは役立ったのかもしれない。

本書のホロコーストからユダヤ人を救った三二のストーリーは、ヨーロッパ全土に及ぶ。ユダヤ人を救った場所が、世界遺産に登録されていることも少なくない。歴史を理解するためには、その現場を訪れることが不可欠である。本書を片手に、関心のある世界遺産を訪れてみたらどうだろうか。
本増補改訂版は、二〇二一年度名城大学研究基盤支援事業費、および同年度三菱財団学術研究助成金による研究成果の一部である。

二〇二四年八月　　栃木県小山市の巴波川《うずま》沿いの実家にて

# 丘の上に植樹された有徳の木々――はじめに

ヤド・ヴァシェーム全景、ゲスト・ハウス（正面）と歴史博物館（左）

一一月半ば、イスラエルの首都イェルサレムの朝は晴れ渡り、澄んだ空気がすがすがしい。中央バス・ターミナルの前には一路線しかないトラム（市電）の停留所があり、人々が忙しそうに行き交う。紛争が絶えないせいか自動小銃を持った若い女性兵士が警備しているが、手持無沙汰でマニキュアを気にしているところが可愛らしい。トラムで南東に向かうとユダヤ教・キリスト教・イスラム教の聖地である旧市街に行き着き、南西に向かうと新興住宅地が広がっている。南西の最終停留所ハール・ヘルツルで降りて坂道を下っていくと、もう一つ連なる丘があり、その上に巨大な白亜の建造物群が建っている。目的地のホロコースト記念館ヤド・ヴァシェームである。丘の西側は低灌木もまばらな荒野が広がっているのに対して、建物の周りはうっそうとした緑に包まれ、街外れの砂漠気

散水システム：木の周りの真鍮の管から自動で必要最低限の水が散水される。

候の境にある場所とは信じがたい。

ヤド・ヴァシェームの入り口であるゲスト・センターを抜けると、ホロコースト博物館まで「有徳の小径《こみち》」が続いている。小径の両側に植えられた樹木の前には、それぞれ小さなプレートが差してあり、オスカー・シンドラーやラオル・ヴァレンベリ（ワレンバーグ）といった映画でも有名な名前がヘブライ文字とアルファベットで記されている。第二次大戦中にユダヤ人を助けた「有徳の人」を記念して、生き残ったユダヤ人たちが博物館の創立以降に地中海原産のイナゴマメ・オリーブ・松などの樹木を二千本以上も丹念に植樹して、緑豊かな丘を作り上げた。

注目したいのは木々の根元の周りに張り巡らされた真鍮の管である。最新のコンピュータ技術に支えられた散水システムであり、木が枯れないよう適量の水を自動的に根元に撒いている。四月から一一月までほとんど雨が降らず、労力とコストをかけなければ一本の木も育たない乾燥地帯のイェルサレムと、降雨に恵まれて木を植えれば自然に伸びる日本とは、植樹するという行為の重みが違う。それでも長い年月の間にはシステムに不具合も起きるのだろう。唯一の日本人救済者である杉原千畝の木も、一度は樹勢が弱まって枯れてしまった。それでもくじけずに、再植樹されている。「有徳の人」も認定者数が二万人を超えてしまい、広大な丘といえどもすべての人のために木を植えることは物理的に不可能となった。新たに認定された人たちの名前は丘の真ん中にある顕彰碑に毎年のように刻まれている。ユダヤ人がどれほど救済者たちに敬意を払っているかは、こうした努力から容易に推し量ることができよう。

本書では、ユダヤ人、ホロコースト、ヤド・ヴァシェーム、「有徳の人」について解説した後に、ユダヤ人を助けた人々に関して包括的に扱っていく。ただしイスラエル政府の定義する「有徳の人」とは、厳しい指針によって決められており、救出した人物ならば誰でも表彰されるというわけではない。ここでは定義に当てはまるかどうかはさておき、筆者が救済者として評価できる人物を思いのままに取り上げてみた。あえて選んだ基準を言うならば、外交官・医者・教師・神父などの知識階級から一般の主婦や農民までさまざまな職種の人に光を当てようと試みたことであろうか。著名な人物としては、本家本元のシンドラーだけでなく、イギリス・中国・日本・イタリアの「シンドラー」や、アンネ・フランク一家を支援した人々に注目している。とくに杉原千畝に関しては、妻の回顧録がテレビ・映画化され、小学校の道徳の教科書でも触れられているが、これまで史実の検証が充分ではなかった。最新の研究を踏まえながら、彼の人道的な活動に絞って再評価してみる。救ったユダヤ人の数も過大な場合があった。たとえばヴァレンベリは一〇万

杉原千畝の木（松）

人のユダヤ人を助けたと言われてきたが、現在ではスウェーデン外交団総体で四五〇〇名と修正されている。杉原の「六千人の命のヴィザ」も実数が再検討されねばならない。

当初はどれほど多くのユダヤ人を助けたかで、救出者のランク付けをしようと考えた。だが、身の危険を冒さずに数千人に救いの手を差し伸べた外交官と、自らの命を賭して一人を助けた農民の間で優劣が付けられるのか、とヤド・ヴァシェームの研究員に問い詰められた。もちろん比較することなどできない。にもかかわらず数の魅力に抗えない自分の心の弱さに赤面するばかりである。

ホロコーストの吹き荒れるヨーロッパのドイツ占領地域において、自分一人でも生きていくのが難しい時代に、多くの人が死の瀬戸際に追い込まれて苦しんでいるユダヤ人を救おうと尽力した。その数は、ヤド・ヴァシェームが二〇一九年までに認定しただけでも二万七千人を超える。これから彼らの秘められた物語を紹介していきたい。

なお本書の人名表記は母国語の発音にできるだけ近づけて記すことを原則とした。地名は第二次世界大戦が勃発する一九三九年以前に属していた国の言葉で表し、戦後ヨーロッパの国境線が大幅に引き直されたため、（　）の中に現在の地名表記を付け加えている。国籍の表記も悩ましいが、三八年三月のオーストリア併合以前の国籍とした。すると、たとえばシンドラーはチェコスロヴァキアとなってしまうが、ドイツ語を話す人々が多く住むズデーテン地方出身のため、便宜上ドイツと記した。

# 第一部　ヤド・ヴァシェーム

# 第一章　ヤド・ヴァシェームとは？

ヤド・ヴァシェーム（יד ושם、Yad Vashem）とは、『旧約聖書』の「イザヤ書」五六章五節のヘブライ語の言葉に由来する。

わたしは彼らのために、とこしえの名を与え
息子、娘を持つにまさる記念の名を
わたしの家、わたしの城壁に刻む。その名は決して消し去られることがない。（新共同訳）

その言葉は「記念碑」あるいは「記念の場所」を意味する。現在ではイェルサレム西部の丘ハール・ハジカロン（記念の山）の上に立つ一八ヘクタールもある広大なホロコースト追悼組織の名称となっている。正式名称は「ホロコーストによって命を奪われた同胞とナチの脅威に立ち向かった英雄を追悼する公社」であった。それが近年「世界ホロコースト追悼センター」と変更された。この組織のアイデアは、イスラエル独立前年の一九四七年夏に生まれた。一九五三年八月一九日、イスラエル国会クネセトは、一九三三年～四五年のユダヤ人大量虐殺ホロコーストの犠牲者を追悼・慰霊することを決定した。これに基づき最初に始めたのが、犠牲者に関する口述書を作成することだった。ホロコーストから生還した人々や移住した親戚などから、犠牲者の名前や追い込まれた状況を聞き取り、記録していった。そ

の過程で口述書だけでなく、文書や写真、後には録音テープやビデオフィルム、それに思い出の品々が、ヤド・ヴァシェームに集まってきた。ユダヤ人の犠牲者を慰霊して、破壊されたユダヤ人社会の記憶を失わせないため、五〇年以上かけていくつもの施設が丘の上に築き上げられた。主な歩みと施設の数々は次の通りである。

一九五五年、ホロコースト犠牲者に関する口述書（のちに音声や映像）の収集開始
一九五七年、ハール・ハジカロンにホロコーストの証拠となる文書・写真・音声・映像を収集・保存するアーカイブ、各国語で出版されたホロコースト関連書籍を閲覧できる図書館の建設
二〇〇五年、同所で四倍の土地を造成し、新たに次の諸施設を建造、リニューアル・オープン

一、犠牲者を慰霊するためのホロコースト追悼祈念堂
二、犠牲者に祈りを捧げるシナゴーグ（ユダヤ教の会堂）
三、同胞の悲惨な記憶と英雄的な闘争を将来にわたり風化させないためのホロコースト

追悼祈念堂

ユダヤ人が絶滅収容所に移送される際に使われた家畜輸送用の貨車モニュメント

歴史博物館

四、さまざまな言語で出版された書籍を集め、世界最大のホロコースト関連蔵書数を誇る図書館

五、工芸品や芸術作品を展示するホロコースト美術館

六、埋もれた史実を解明するための国際ホロコースト研究所

七、世界中の子供たちにホロコーストを教え続ける国際教育センター

八、生還者の肉声やビデオ証言などの関連映像を、データベースから開いたり見たりできる視聴覚センター

九、ホロコーストからユダヤ人を救った人々のために植樹して銘板に名前を刻んだ「有徳の人」庭園

一〇、式典の際に人々が集う祈念広場と丘の各所に設置された祈念碑・祈念像・祈念物

イスラエルを公式訪問する各国の元首（大統領、首相、国王など）は、必ずヤド・ヴァシェームに赴き、犠牲者を追悼する。とくにホロコースト歴史博物館には年間で百万人もが訪れる。四二〇〇平方メートルの敷地に、ホロコーストの壮絶な写真や遺品、生存者の語った音声や映像が展示されている。またナチス・ドイツの台頭からヨーロッパ全土でのユダヤ人への迫害、絶滅収容所での大量虐殺までの歴史も詳細に説明されている。さらに虐殺に立ち向かった勇敢なユダヤ人抵抗組織や、ホロコーストか

らユダヤ人を救った人々にまで言及されている。

丘の上の各所にあるモニュメントには、ユダヤ人をアウシュヴィッツなどの絶滅収容所に移送する際に使われた家畜輸送用の貨車や、ワルシャワ・ゲットーでユダヤ人孤児の世話をして、子供二百人と一緒に絶滅収容所の露と消えた小児科医ヤヌシュ・コルチャックの銅像などがある。

図書館も立派だ。言語別にホロコースト関連書籍が所蔵されており、欧米の言語だけでなく日本語や中国語の書籍までそろえられていた。書籍を多言語で検索できるシステムが構築されている。しかし圧巻なのは、ホロコーストを生き抜いた生還者十万人以上の証言を、肉声やビデオで記録してある視聴覚センターだろう。生還者の名前、ホロコーストにさらされた場所や時期をキーボードに打ち込めば、求められる証言が音声と共にディスプレーに映し出される。字幕が付いている場合もあり、聞き取りにくい肉声も理解できる。

コルチャック先生モニュメント

ヤド・ヴァシェームのウェブ・サイトも充実しており、必要な情報のほとんどをネットから入手できる。まずは www.yadvashem.org を開いてみたらどうだろうか。英仏独西露ヘブライ語アラビア語で読めるところが、配慮の行き届いた多民族国家イスラエルの姿勢である。とはいえイスラエルを旅行するならば、ぜひとも訪れてみたい場所であることは疑いなかろう。

# 第二章　ユダヤ人とは？

嘆きの壁、イェルサレム旧市街

ユダヤ人とは、本来はセム語の一つヘブライ語を話す民族であり、紀元前一八世紀ごろから地中海東岸沿いのパレスチナの地に住み着き、エジプトにまで居住地を拡大させた。ユダヤ（英語では **Jew**、ドイツ語では **Jude**）の名称は、『旧約聖書』に記された太祖ヤコブの子ユダの子孫であることに由来する。紀元前一二世紀にエジプトに移住したグループは、ファラオの圧政に耐えかね、モーセに率いられて紅海を越えて脱出した。その際に彼らは、シナイ山でヤーヴェの神から「十戒《じっかい》」の啓示を受けた。これは、他神の信仰や偶像の礼拝を禁じ、殺人、姦通《かんつう》や窃盗を禁止する戒めである。彼らは、「十戒」を含むトーラー（律法）から成るユダヤ教を信じ、パレスチナの地で宗教共同体を形成させた。たとえばシャバット（安息日）を設け金曜日の日没から土曜日の日没まで一切の労働を禁止した。紀元前一〇世紀までに王国を建設し、イェルサレムに信奉する唯一神の神殿を築いた。紀元前六世紀に新バビロニアによって王国は滅ぼされ、イラクのバビロンまで連行され、半世紀もの間捕囚の身に置かれた。帰還を許された彼らは、他民族に支配されながらもイェルサレムに神殿を再建して宗教共同体を発展させる。

二世紀に転機が訪れた。強大なローマ帝国と争いイェルサレムが廃墟と化した結果、ユダヤ人はパレスチナの地より逃れ、北アフリカからイベリア半島に、そして北東に向かってヨーロッパ全土にディアスポラ（離散）していった。各地に住み着いた彼らは、シナゴーグ（会堂）を作り、ラビ（聖職者・律法学者）を中心にして、周囲と協調しながら小さな共同体を運営していった。中世になるとユダヤ人は、ヨーロッパで土地所有を禁じられてギルドから排斥されるなど、キリスト教社会から締め出された。必然的にキリスト教では禁じられた金融業などに進出せざるをえず、社会から差別の対象となった。西欧の都市では壁によってキリスト教徒から隔離するゲットー（ユダヤ人居住区）が設けられ、財産没収やポグロム（ユダヤ人への集団暴行）も横行した。東欧諸国ではユダヤ人だけの小村で、ロシアでは特別強制居住地区の村で、彼らは律法を墨守しながら細々と農業に従事していた。まさにマルク・シャガールの描いた寒村風景がこれにあたる。

「ロシアの結婚式」マルク・シャガール、1909 年、ビュールレ・コレクション、チューリヒ

ユダヤ人には二つのグループが存在する。セファルディームとは、一五世紀までスペインとポルトガルに住んでいたユダヤ人を指す。レコンキスタによってイベリア半島からイスラム勢力を追い出したスペイン王は、一四九二年にユダヤ人に対してキリスト

教の洗礼を受けるか国外移住するかの選択を迫った。彼らの多くはヨーロッパ全土に散らばっていった。彼らはラディーノ語という古スペイン語を話していたが、現在では口語として使われることはない。アシュケナージとは、古くはドイツや東ヨーロッパに住んでいたユダヤ人を指す。一五世紀以降、イギリス・フランス・北イタリア出身のユダヤ人を、セファルディームと区別するため、この言葉が一般に使われるようになった。ヘブライ語は祈りのための言葉であったため、ユダヤ人は日常ドイツ語方言であるイーディッシュ語を話した。西欧のユダヤ人社会では現地語に淘汰され一九世紀末までにほとんど死語となったが、東欧諸国やロシアでは二〇世紀半ばまでイーディッシュ語が日常語として使われていた。ちなみに「セファルド」とはヘブライ語で「スペイン」を、「アシュケン」とは「上流の国」「北の国」中世では「ドイツ」を意味した。

近代に入ると市民革命や自由主義の潮流に乗って、西欧のユダヤ人もその地位を向上させる。一九世紀半ば以降、ロシア・東欧の貧しい寒村から都市に飛び込んだ若者たちは、産業革命と相まって金融・貿易・教育・芸術・軍事などの分野で新しい仕事を見つけ、一部は豊かで知的な生活を享受した。ただし大多数は日の当たらない都市の最下層に住む労働者となって貧困にあえいだ。農村に残った人々は、爪に火をともすような質素な生活を続けており、依然として宗教的な迫害の脅威にもさらされていた。

一九世紀後半、解放されて豊かになったユダヤ人を人種的に差別しようとする反ユダヤ主義が欧州全土で横行した。ユダヤ人の逆境を打破するため、彼らの中に二つの運動がわき起こる。一つは労働者の待遇を改善させるために革命によって社会全体を変革すべきだと主張する社会主義革命派であり、ロシアで生まれたブンド（ユダヤ社会民主主義労働者協会）がその典型である。他方、ユダヤ民族は団結して聖地イェルサレムに国家を再興すべきだと説くシオニズム運動も推進された。

ロシアでは、一九世紀末から二〇世紀初めに起きた大規模なポグロムから逃れるため、多くがアメリカ合衆国や南米諸国へ移民していった。アメリカではヨーロッパ全土から大量の移民が新世界に流れ込み、一九三〇年代、ニューヨークを中心に四八〇万人のユダヤ人が居住するまでに至った。ホロコースト直前のヨーロッパには一〇〇〇万人のユダヤ人が住んでおり、最大の人口を誇ったのがポーランドの三三〇万人、次いでソ連の三〇〇万人、ルーマニア、ドイツ、ハンガリーと続く。一五世紀以降セファルディームが脱出したため、スペインとポルトガルには、ほとんどユダヤ人がいない。人口比率でいけば、ポーランドでは全人口の一〇％がユダヤ人なのに対して、ドイツではたった〇・八％である。

第二次大戦中にドイツの占領下に置かれた欧州地域でホロコーストの嵐が吹き荒れ、六〇〇万人のユダヤ人が命を落としたと言われる。戦後に元の居住地へ帰還した彼らは再度のポグロムに襲われ、安住の地を求めてパレスチナに移住していった。だがイギリスの委任統治下にあった彼らの先祖の土地には、多くのアラブ人が住んでおり、アラブ人の国家建設を狙っていた。一九四七年、国際連合はパレスチナをアラブ国家とユダヤ国家に分割する決議案を採択した。シオニストが夢見たユダヤ人の国家建設が、はじめて世界中に認知された。だがアラブ諸国の反発も強い。四八年五月一四日、イギリスのパレスチナ委任統治が終了する前日に、ユダヤ人国家イスラエルの独立が宣言された。周辺のアラブ五か国がすぐさま攻撃を開始し、第一次中東戦争が勃発する。ユダヤ人は独立を守りとおし、四九年に休戦を迎えた。以後イスラエルは、アラブ側との対立と歩み寄りを繰り返しながら、今日に至っている。

ユダヤ人は、本来は髪が黒く彫りの深い中東系の顔立ちをしていたのだろうが、二千年ものディアスポラを経てヨーロッパに住むコーカソイド（白人）との混血が進んだ。北アフリカではネグロイド（黒人）との混血も少なくない。今日、ユダヤ人とはユダヤ教を信じている人々の民族集団であり、それを人種的に区別することは不可能である。だがナチス時代一九三五年のニュールンベルク法では、祖父母の三人以上がユダヤ人（ユダヤ教信徒共同体に属している）ならば「完全ユダヤ人」と定義され、優等人種アーリア人ではないとして差別された。祖父母の二人がユダヤ人ならば「二分の一ユダヤ人」（第一級混血）とみなされ、条件によって差別の対象とされた。祖父母一人がユダヤ人ならば「四分の一ユダヤ人」（第二級混血）として差別を免れた。

正統派ユダヤ人

現在イスラエル政府は、ユダヤ人を「ユダヤ人の母から生まれた者、もしくはユダヤ教への改宗者」と定義している。イスラエルを旅すると、現在でもユダヤ教が一般の生活に深く影響を及ぼしていることがよくわかる。シャバットは金曜日の夕方から土曜日の夕方まで順守されており、すべての公共機関・銀行・商店が閉じられ、鉄道・バス・トラムの運行もストップする。イェルサレム市内では、昔からの宗教教義をかたくなに守る超正統派のユダヤ人が跋扈《ばっこ》し、黒装束で髭を生やし、もみ上げを長く伸ばした男たちが、嘆きの壁の前で祈りに没頭している。一方で改革派のユダヤ人は安息日など気にせずドライブをして、律法で禁じられた豚肉料理も平気で食べる。アラブ人のタクシーはシャバットでも休まない。今日イスラエルでは多様な社会が受け入れられている。

# 第三章　ホロコーストとは？

「ホロコースト(Holocaust)」とは、本来ギリシア語で「すべてを焼き尽くす」という意味である。一般的には一九三三年にドイツでアドルフ・ヒトラーが政権を握ってから、四五年五月に同国が連合国に降伏するまでの間、独勢力圏で繰り広げられたユダヤ人大量虐殺のことを指す。ヘブライ語ではショア(Shoah)と呼ばれる。犠牲者は約六〇〇万人と言われているが、正確な数字は現在でもわかっていない。

ヨーロッパでは、中世のキリスト教社会がユダヤ人を異教徒として差別してきた。一九世紀後半になるとオーストリア・ハンガリー帝国やドイツ帝国において、ユダヤ人から職業選択・居住・結婚の自由などを奪う「人種的反ユダヤ主義(Anti-Semitism)」運動が広まった。産業革命後に差別を乗り越えようと多くの業種に進出してきたユダヤ人を、一部の過激な民族主義グループが「ずるい」「悪賢い」などと非難して社会から排除しようと試みた。その運動に共鳴する勢力が一般社会にも少なからず存在した。一九二〇年代のドイツにおいて『シオンの賢者の秘密』という偽書が出回り、ユダヤ人陰謀論が流布された。金融業者のロートシルト（英語ではロスチャイルド）家に代表されるユダヤ金融勢力が欧州の富を独占し、テロをまき散らして戦争を起こさせ、最終的にユダヤ人が世界を支配するという空論である。ヒトラーも著書『わが闘争』の中で、ユダヤ人がドイツ文化を破壊する劣等人種だと規定し、ユダヤ人の殲滅を呼びかけた。第一次大戦後に過大な戦争賠償金を課せられて不況にあえぐドイツにおいて、こうした暴論が反ユダヤ主義と結びつき、ユダヤ人差別を拡大させたことは否定できない。

三三年、ナチス（国家社会主義ドイツ労働者党）はヒトラーの首相就任によって政権を握ると、人身・言論・結社の自由、財産権の不可侵、通信の秘密などの基本的人権を停止して、反対勢力を弾圧した。そして全権委任法によって議会から立法権を奪い、ナチス以外の政党をすべて解散させ、独裁権を握った。ナチスはユダヤ人商店のボイコットを煽り、ユダヤ人を公職から追放し、軍隊からも排除した。三五年にニュールンベルク法を制定して、ドイツ人との混血も含めたユダヤ人を明確に定義して、差別を容易にした。五五万人が差別の対象とされた。同法ではドイツ人とユダヤ人との結婚は禁止され、ユダヤ人から公民権が奪われた。ユダヤ系世帯は公的扶助や経済活動から締め出されて苦境に陥り、経済面から外国への出国を強要された。出国できるほど金銭に余裕のある世帯は、親戚やコネを頼って自発的にドイツから離れていった。だが三八年三月にオーストリアを併合すると、ドイツは新たに一八万人のユダヤ人を抱え込んだ。ユダヤ人の自発的な出国を狙っていたナチスにとって、困窮化して自力では出国できないユダヤ人への対策が当面の課題となった。ユダヤ人を受け入れる諸国も、難民増加が社会不安をもたらすとして、ヴィザ（査証）の導入など入国制限を始める。三八年七月にフランクリン・ルーズベルト米大統領の呼びかけによって、スイス国境に近いフランスのエヴィアンで難民受け入れ国会議が開催されるが、各国の入国枠を拡大させるには至らなかった。

三八年一一月、パリでドイツ外交官が差別に反対する過激なユダヤ人によって暗殺された。ナチスは、この報復として全ドイツでユダヤ人に対するポグロムを敢行した。この「水晶の夜」事件において、多くのユダヤ商店が打ち壊され、シナゴーグが焼き討ちにあった。三万人のユダヤ人が身柄を拘束され、強制収容所に送られた者も含めると、数百名が命を落としている。ナチスは、ユダヤ人の財産を差し押さえ、公園や劇場への立ち入りを禁止し、彼らを強制的にドイツ・オーストリアから出国させようとした。全ユダヤ人口の三分の二にあたる四八万人が生活継続を断念して、外国に移住していった。

三九年九月一日、ドイツがポーランドに侵攻し、第二次世界大戦が勃発した。一七日にはソ連軍も独ソ不可侵条約の密約に基づきポーランド領に侵入する。約一か月で両国はポーランドを東西に分割して占領した。ポーランドと同盟を結んでいた英仏は、開戦直後にドイツへ宣戦を布告したものの軍事力を行使せず、他のヨーロッパ諸国も沈黙を決め込み、実質上ポーランドを見殺しにした。ドイツは占領地を二つに分割し、西側はドイツ本国に編入し、東側を総督領とした。特に総督領はドイツに農業や工業の労働力を提供する地域と位置づけられ、住民には強制労働が課せられた。しかしポーランド人は傀儡政権の樹立を拒み、ドイツへ抵抗する姿勢を鮮明にする。占領側は地域の治安を維持するため、反政府活動を武力で封じ込めるアインザッツグルッペン（行動部隊）を送り込んだ。この組織は、警察機構を取り仕切る親衛隊の保安部と、ゲシュタポ（秘密国家警察）が中心となった混成部隊である。部隊はポーランド社会の中核をなす階層（官僚・聖職者・貴族・教員・退役軍人など）、ユダヤ人、ロマ人、「生存に値しない」身体・精神障害者、同性愛者の排除・抹殺を展開した。

ワルシャワ・ゲットー

「働けば自由になれる」と書かれたアウシュヴィッツ第一収容所の入り口

独占領地域には二一〇万人ものユダヤ人が住んでいた。ソ連との国境は閉ざされており、戦前のように外国へユダヤ人を追放することもできない。だがこれまでどおりにポーランド各地に住まわせておく訳にもいかない。おのずと彼らを特定の場所に集住させ、活動を制限する必要が出てくる。そこで四〇年二月からポーランド人住民と隔絶する「ゲットー」が主要都市に作られ、ユダヤ人が強制的に住まわせられた。最大級のワルシャワ・ゲットーでは、高い塀で囲まれた非常に狭い場所に四五万人が押し込められた。強制労働が課せられたにもかかわらず、一日最低必要カロリーの十分の一ほどの食料しか配給されない。暖房も厳しく制限されたため、マイナス二〇度を下回る真冬では凍てつく室内で震える。衛生設備も貧弱で衣類や薬も不足したため、ゲットー内では伝染病を含めて様々な病気が蔓延した。抵抗力の弱い老人や子供だけでなく、衰弱した成人までもが次々に命を落としていく。

ドイツは、四〇年四月にデンマークとノルウェー、五月にオランダとベルギー、六月にフランスを打倒すると、ユダヤ人を徐々に西側の占領地から東方に移送した。だがポーランドのゲットーはすでに満杯状態であり、新たに受け入れる余裕はなかった。四一年六月に独ソ戦が始まると、ドイツ軍はまたたくまにソ連領であるポーランド東部、ウクライナ、ベラルーシ、バルト三国を席巻していく。緒戦から殲滅《せんめつ》戦を推進していたため、戦時国際法を無視して捕虜にした赤軍兵士三五〇万人の六割を死に至らしめた。占領地へ送り込まれた行動部隊や武装親衛隊も、そこに住むユダヤ人の多さに驚き全員をゲットーに押し込めることはできないと判断して、四一年末までに手当たり次第射殺していった。ところが無差別大量射殺は、あまりの残虐さに執行する側にも心理的抵抗を引き起こす。隊員の心の負担を和らげるため別の殺害方法が模索された。それがガス・トラックによる一酸化炭素中毒死、そしてツィクロンB《ベー》という青酸ガスによるジェノサイド（大量殺戮）へと行き着く。

当初ソ連への侵攻が順調に進んでいたため、ドイツ本国や西側の占領地域から新たな東方占領地にユダヤ人を移送することが計画された。だが彼らがヒトラーの敵視する共産主義者と手を結ぶという危惧から、移送は断念される。行き場を失った彼らの運命を左右する会議が、四二年一月にベルリン郊外のヴァンゼー湖畔で開催された。そこでは東方追放策を諦め、絶滅収容所を設けて労働可能な者に過酷な労働と栄養不良による自然死を、労働不能な者には毒ガスによる絶命を強いることが決定された。ユダヤ人は各地のゲットー、強制収容所、強制労働キャンプから旧ポーランド内に設けられた

カウナスの第九要塞博物館。独ソ戦勃発後にここに連れて来られたユダヤ人の大多数が虐殺された。

マイダネクのクレマトリウム、ここで死体が焼却された。

六つの絶滅収容所に移送され、「最終解決」されていく。

六つの中で最大の絶滅収容所であるアウシュヴィッツ（ポーランド名オシフィエンチム）を見てみよう。同国南部の古都クラクフから西へ五〇キロのところにある鉄道交通の要所に位置する。三つの収容所からなり、世界遺産に登録されており今日でも見学できる。四〇年四月に建設が始まった第一収容所は、高圧電流を流した二重の有刺鉄線で囲まれ、二階建ての赤煉瓦でできた二八の収容棟と、洗濯室・調理室、クレマトリウムで構成されている。クレマトリウムとは、収容者を閉じ込めて毒ガスで殺害するガス室と、死体を灰燼と化す焼却炉が合体した施設である。四一年九月に施設が稼働したことによって、痕跡を残さずに大量殺戮が可能となった。収容棟の室内は板張りで何段もの棚に仕切られており、身動きもできないほどに押し込められた収容者は冬にも暖房なしで藁を敷き薄い毛布をかけただけで寝起きさせられた。毎日のように強制労働にかり出されるものの、提供される食事は質も量も成人が生存できる最低限を下回っており、大多数の収容者が数か月以内にガス室送りとなる。収容所内では、軍事技術の向上やユダヤ人種絶滅に必要な人体実験が繰り返され、「医学の進歩」という名目で収容者の命が露と消えた。拷問のために使用する地下牢や、囚人を射殺するための処刑場も備えてある。広大な第二収容所ビルケナウには鉄道の引き込み線が設けられており、ユダヤ人は家畜用の貨車に詰め込まれて来る。彼らは降荷場で囚人医師に

第二収容所ビルケナウ、建物の中央部の引き込み線からユダヤ人を積んだ列車が入ってくる。

よって労働可能かどうか「選別」され、四分の三が即刻クレマトリウム行きを命ぜられて「処分」された。ガス殺された遺体を焼却炉まで運び、炉にたまった遺灰を処分したのも、収容中のユダヤ人である。ゾンダーコマンド（特別労務班員）と呼ばれた彼らは、他の収容者から隔離され、食料や労働条件で優遇を受けていた。だが彼らも数か月で「処分」の対象とされる。

六つの絶滅収容所の半数が四四年までに閉鎖・解体され、「最終解決」の痕跡が消された。四四年夏を過ぎて独ソ戦の戦況が悪化すると、三つの収容所に残った収容者はドイツ本国の収容所に強制移送される。ソ連軍の侵攻が予想よりも早かったため、アウシュヴィッツは破壊を免れ、四五年一月に赤軍によって解放された。犠牲者の数は諸説あるものの六〇〇万人以上だと言われている。その内訳は、ゲットーでの飢え・病気・虐待で死亡したのが一〇〇万人、独ソ戦直後の独占領地域で起きた大量射殺で一三〇万人、絶滅収容所でガス殺されたのが三〇〇万人、その他にはガス・トラックによる一酸化炭素中毒死、強制移送中の死亡、強制収容所・労働キャンプや街頭での撲殺・銃殺・絞首刑などが含まれる。

# 第四章　「有徳の人」――ホロコーストからユダヤ人を救った人々

どれほどの数のユダヤ人がホロコーストから救われたのだろうか。六〇〇〇万人もが犠牲になったと推定されるが、正確な死亡者数も特定できないため、もちろん何人が死の一歩手前で助けられたかなど正確な数字を算出できない。ただし数万人であることが推測される。

ヤド・ヴァシェームは、ユダヤ人をホロコーストから救った非ユダヤ人を「有徳の人（Righteous Among the Nations）」と呼び、その名誉をたたえることを決定した。ちなみにこれまで「諸国民の中の正義の人」と訳されてきたが、本書では新しい訳語を当てている。

「有徳の人」の名誉をたたえるためのプログラムは、一九六二年にイスラエルのゴルダ・メーア外相によって立ち上げられた。最高裁判所判事の一人が委員長となり、十数名の委員からなる「有徳の人」選定委員会を組織した。様々な団体に所属するホロコースト生存者を委員に選び、どのような人物を「有徳の人」と認定するか委員会で議論させた。その結果、次の人物に「有徳の人」を授賞することが決定されている。

主要国の生存ユダヤ人数（一九四五年）

| | |
|---|---|
| フランス | 二〇万人（三五％） |
| ベルギー | 二万六〇〇〇人（四五％） |
| オランダ | 一万六〇〇〇人（一一％） |
| イタリア | 三万五〇〇〇人（八〇％） |
| デンマーク | 七二〇〇人（九〇％） |
| ノルウェー | 一〇〇〇人（五〇％） |
| ドイツ・オーストリア | 三〇〇〇～五〇〇〇人（二％） |
| ポーランド | 二万五〇〇〇～四万人（一・五％） |
| ハンガリー | 二〇万人（二六％） |

一、殺される、あるいは強制収容所に入れられる危機に瀕していたユダヤ人に対して救いの手をさしのべ、彼らの生還を支援した人物である。

二、ユダヤ人を助けることで、自らの生命・自由・安全を危険にさらした、と自ら認識していた人物である。

「有徳の小径」

三、手をさしのべた際、なんら金銭的あるいは物的報酬を求めなかった人物、あるいは口頭もしくは文書で将来報酬を支払うよう求めなかった人物である。

四、ユダヤ人を助ける際、積極的な役割を果たした人物でなければならない。たとえばユダヤ人逃亡者の警察への通報を怠ったのは消極的とみなせる。積極的と判断するのは、助けた人物が自らの責任で行動し、直接かかわり、個人的に責任を持ち、もしその人物が救いの手をさしのべなかったら、ユダヤ人を助けることができなかったと証明される場合である。

五、助けたという行為が、助けられた人物、あるいはそれを目撃した人物、あるいは後世にでも公正な文書によって証明されなければならない。たとえばドイツの法務文書によって、ユダヤ人隠匿の罪で告訴されたことが判明した場合は、証明されたことになる。

委員会は、ユダヤ人を助けた人物を推薦するに当たり、次の点を考慮している。

①助けた人物と助けられた人々との間で、本来どのようにして接触が図られ、どのような結果がもたらされたか。

②援助の本質が拡大解釈されていないか。

③たとえば、友情・利他主義・信仰・人道的配慮など、助けた人物の動機は確認されているか。

④助けた代償として、具体的に報酬が支払われていないか。多額の報酬が支払われた場合には認定が取り消されることもある。

⑤助けた人物が、助けたときに自らの生命の危険にさらされていたか、あるいは社会的身分や経済的な損失の脅威に直面していたか。

⑥提出された証拠の中に、正確な日付が付いているかどうか。

⑦助けたと言われている時期の、助けた人物と助けられた人々の間の関係が明らかとなっているか。

⑧それぞれの助けたストーリーに信頼性があり、残っている証言や文書から証明できるかどうか。

助けたストーリーといっても事情は様々であり、当時の救出劇が正確に語られるとは限らない。子供だった場合、記憶があいまいで助けられたことを証言できない場合も多々ある。助けた側が自らの身を守るため、偽名を使っていたことも少なくない。委員会は、あいまいな証言や不確かな一縷《る》の記憶でも存在すれば、各国の協力を得て諦めずに膨大な記録の中から証拠を集め、一つ一つ認定作業を積み重ねていった。

こうして資格があると委員会で認証されると、「有徳の人」の称号が与えられる。その人物が生存しているのか、すでに死亡しているのかは問題ではない。その人物には、氏名が彫られた特別なメダルが贈られ、ヤド・ヴァシェームの「有徳の人」庭園に顕彰プレートをつけて植樹され、あるいは顕彰碑に名前が刻まれる。毎年、功績が認められて新たに登録されるため、二〇一九年現在で二万七千人以上の人物に称号が贈られた。これほどの数の人々が表彰されていることから逆算すると、杉原千畝のように多くのユダヤ人を救った人物もいるため、救われた人の数は十万人を超えるのではなかろうか。

救出のストーリーは大別すると次の三つに分けられる。

（Ⅰ）自らの自宅や所有する小屋にユダヤ人を匿う。特に中欧やバルト三国・バルカン諸国の田舎に行くと、自宅の地下に翌春に蒔く種籾や食料を保存する地下室が作られており、敷地内に家畜小屋・納屋・サイロが設置されている。また人々は林の中や水辺にダーチャ（夏場に使う別荘）を建て、花や野菜を育てて短い夏を楽しむ。そうした場所にユダヤ人は匿われた。西欧の田舎でも自作農や農夫の家、修道院などが隠れ家となった。都市部ではおもにアパートの中の隠し部屋である。

「有徳の小径」の入り口の碑

（Ⅱ）偽の証明書や安全を保障する文書を提供する。ユダヤ人かどうかは容姿だけでは判別できないことが多い。そこで救いたいユダヤ人にキリスト教会が偽の洗礼証明書を発給し、地下組織が身分証明書を偽造した。そうして素性を偽って非ユダヤ人として独占領地で生き抜いた。外交官が本国の指示に反してユダヤ人にパスポートやヴィザを発給し、中立国や反ユダヤ主義でない国々へ脱出させた。また中立国の外交使節は、同国の管轄下にある人物だと証明する保護証書を配布し、中立国の保護施設を指定してユダヤ人を保護するなど、当該国における不逮捕特権をユダヤ人に享受させた。

(Ⅲ)危険な場所から安全地帯に逃がす。劣悪な環境にあるゲットーや強制収容所からユダヤ人を逃がして、危険の少ない田舎に匿う、あるいは安全な中立国に越境させる。とくに子供を逃がす場合、非ユダヤ人家庭が引き取って実子と偽って育てる、あるいはキリスト教の施設でクリスチャンの孤児として世話をした。

ヴァルヴァラ・コソコフスカヤ（ベラルーシ）に救われたジナイダ・エルキンド（左）

「有徳の人」は、救出場所が田舎であろうと都市部であろうと、ほとんどが市井の人々であった。この救出者はどのような人々であり、なぜ自らの危険をかえりみずユダヤ人を助けたのだろうか。「有徳の人」を心理学者のエミー・E・ワーナーは次の四つのタイプに分類している。

（a）友人・隣人・知人、配偶者やその親戚、同級生や職場の同僚およびその家族など。自分自身および友人・隣人・知人やその家族・親戚が特定のユダヤ人と親しい関係を有していたため、その人と家族の窮状を見かねて力添えをした。友情や知人を愛する心がおもな動機である。

（b）敬虔なクリスチャンやイスラム教徒、神父・牧師・司祭・修道士・修道女、神学校の教師やイマーム（導師）など。助けが必要なユダヤ人を見ると、あるいは助けを求められると、宗教的な他者を愛する心に基づき、彼らに救いの手を差し伸べるべきだと考えて行動する。神を信じる宗教心が必然的にユダヤ人を助けるという行為につながった。

（c）平等主義を尊重する信念の持ち主であり、倫理観の高い人物。人はみな平等である。近代国家の原則として、人種・民族・宗教・出自・心身の障害・職業・主張などで人を差別してはならない。第一次大戦後ドイツで制定されたワイマール憲法では、生存権まで認めるなど、自由と平等を尊重する民主主義の根幹が規定された。この概念は当時ヨーロッパの知識層で一般に受け入れられていた。ところがヒトラー政権誕生後、同憲法は形骸化させられてユダヤ人に対する差別は拡大した。そうした差別に対して個人的に嫌悪感を覚え、社会正義を守るという使命感からユダヤ人を助けるという行為に及んだ。

（d）道徳心があり、素朴な責任感を有する人物。親が子を愛するように、弱い者を見ると黙って見過すことができない。ホロコーストの脅威から逃れてきたユダヤ人が助けを求めてくると、多くは貧しい農民や労働者であるが、理屈抜きに心を開いて弱者を匿おうとした。無償の愛が、救出の原動力となっている。

イレナ・センドレロヴァに授与された「有徳の人」のメダル、表（右）と裏

ただし、こうした意識を有した心の広い人々が皆ユダヤ人を助けたわけではない。当然のごとくドイツ占領下のソ連やポーランドなど東欧諸国、ドイツ占領下のオランダやフランスなど西欧諸国、ドイツやオーストリアでは、「有徳の人」でも事情がちがっている。ポーランドではユダヤ人を匿っただけで人々に死罪が言い渡されたが、オランダでは投獄されるだけで死刑にはならなかった。とはいえ圧倒的多数の人々は、ユダヤ人を助けることで自らおよび自分の家族、あるいは自分の属する組織に降りかかる災いを恐れて、助けるという行為を躊躇した。なぜ躊躇されたかというと、どこの国にでもドイツに加担して利益を得ようとする人々が少なからず存在し、彼らはユダヤ人を助けた人を見つけるとゲシュタポに密告し、あるいは密告すると脅して金品を要求したからである。

イスラエル政府は「有徳の人」の範疇に含めなかったものの、消極的な支援者は数えきれないほど多いのではなかろうか。彼らは、隣家や隣室でユダヤ人が匿われているのを薄々感じながらも、隣人に問いかけもせず、ゲシュタポにも密告しない。占領軍の圧政に耐えている一般の人々は、内心では反ユダヤ政策に賛同していないものの、自らや家族への危険が及ばないよう、できるかぎりの忍従姿勢を続けている。知っていても沈黙を守るという姿勢が、間接的に「有徳の人」を支援したことになる。第二部第4節のジュワフスカは、自らのアパートにユダヤ人を匿っていた。うわさが広まり、警察のガサ入れが間近に迫ると、アパートの管理人はジュワフスカに警察情報を教え、ユダヤ人を別の場所に移すよう助言した。間一髪でユダヤ人は逮捕を免れ、彼女も窮地を脱した。だが管理人は直接ユダヤ人を助けたわけではない。とはいえ彼の助言がなかったら、ジュワフスカまで逮捕されていただろう。多くの消極的な支援者が「有徳の人」を支えていた。

現在判明している「有徳の人」の数は世界全体で二万八千人余に過ぎず、一九三〇年代に五億人ほどの人が住んでいたヨーロッパで、二万人に一人の割合でしかない。本当にまれな存在だった。逆に言えば、(a)から(d)のタイプに当てはまる人物であってユダヤ人の窮状を察していたにもかかわらず、ほとんどの人はユダヤ人に救いの手を差し伸べることができなかった。それは冷静に考えれば、やむを得ないことに違いない。では、ユダヤ人を救うという究極の選択を選んだ「有徳の人」と、選ばなかった大多数の間には、どのような差異が存在したのだろうか。それこそ四つのタイプの人物の中で、自らの信条を決して裏切らない、強固な意志の持ち主であるかどうかが、一線を画したに違いない。自分に降りかかる脅威に立ち向かえる勇気があり、揺るぎない信条を持ち続けられる人物と言い換えられよう。だからこそ彼らはユダヤ社会だけでなく世界中で高く評価されたのではなかろうか。「有徳の人」は、ことなかれ主義が横行する現代においてぜひとも学ぶべき人たちである。

1939年のヨーロッパ地図：地図中の数字は第二部の救出劇の番号

## ホロコーストに関連する世界文化遺産

① プラハ歴史地区（チェコ）
② 月の港ボルドー（フランス）
③ ウィーン歴史地区（オーストリア）
④⑦⑬㉒ ワルシャワ歴史地区（ポーランド）
⑥ ルクセンブルク市：その古い街並みと要塞群（ルクセンブルク）
⑨⑩ モダニズム建築都市カウナス：楽天主義の建築 1919 年 -1939 年（リトアニア）
⑩ キュラソー島の港町ウィレムスタット市内の歴史地区（カリブ海のオランダ構成国）
⑪ ダルムシュタットのマティルデの丘（ドイツ）
⑫ リガ歴史地区（ラトヴィア）
⑭ ブコビナ・ダルマチア府主教の邸宅（ウクライナ）
⑰ ナンシーのスタニスラス広場、カリエール広場、アリアンス広場（フランス）
⑱ ヴィルニュス歴史地区（リトアニア）
㉑ フィレンツェ歴史地区（イタリア）
㉑ アッシジ：フランチェスコ聖堂と関連修道施設群（イタリア）
㉓ パリのセーヌ河岸（フランス）
㉔ ローマ歴史地区：教皇領とサン・パオロ・フオーリ・レ・ムーラ大聖堂（イタリア）
㉕ ブリュッセルのグランプラス（ベルギー）
㉗ ポツダムとベルリンの宮殿群と公園群（ドイツ）
㉘ アムステルダムのシンゲル運河の内側にある 17 世紀の環状運河地域（オランダ）
㉙ アウシュヴィッツ・ビルケナウ：ナチス・ドイツの強制絶滅収容所 1940 年 -1945 年（ポーランド）
㉙ ストラスブールのグラン・ディルとノイシュタット（フランス）
㉚ クラクフ歴史地区（ポーランド）
㉛ ブダペストのドナウ河岸とブダ城地区およびアンドラーシ通り（ハンガリー）
㉜ ハンザ同盟都市リューベック（ドイツ）

**世界遺産に登録されていないものの、それに匹敵する地区**

⑤㉔ マルセイユ歴史地区（フランス）
⑳ コペンハーゲン歴史地区（デンマーク）
㉖ アドリア海に臨むリエカ歴史地区（クロアチア）
㉜ ストックホルム歴史地区（スウェーデン）

「有徳の人」国別人数

| 順位 | 国名 | 人数 | 順位 | 国名 | 人数 |
|---|---|---|---|---|---|
| 1 | ポーランド | 7,232 | 28 | ブルガリア | 20 |
| 2 | オランダ | 5,982 | 29 | スロヴェニア | 16 |
| 3 | フランス | 4,206 | 30 | マケドニア | 10 |
| 4 | ウクライナ | 2,691 | 30 | スウェーデン | 10 |
| 5 | ベルギー | 1,787 | 32 | スペイン | 9 |
| 6 | リトアニア | 924 | 33 | アメリカ合衆国 | 5 |
| 7 | ハンガリー | 876 | 34 | インドネシア | 3 |
| 8 | イタリア | 766 | 34 | エストニア | 3 |
| 9 | ベラルーシ | 680 | 34 | ペルー | 3 |
| 10 | ドイツ | 651 | 34 | ポルトガル | 3 |
| 11 | スロヴァキア | 638 | 38 | ブラジル | 2 |
| 12 | ギリシア | 361 | 38 | 中国 | 2 |
| 13 | ロシア | 217 | 38 | チリ | 2 |
| 14 | セルビア | 139 | 41 | 日本 | 1 |
| 15 | ラトヴィア | 138 | 41 | トルコ | 1 |
| 16 | クロアチア | 130 | 41 | ルクセンブルク | 1 |
| 16 | チェコ | 125 | 41 | モンテネグロ | 1 |
| 18 | オーストリア | 115 | 41 | キューバ | 1 |
| 19 | モルドヴァ | 79 | 41 | エクアドル | 1 |
| 20 | アルバニア | 75 | 41 | アイルランド | 1 |
| 21 | ルーマニア | 69 | 41 | エルサルバドル | 1 |
| 22 | ノルウェー | 68 | 41 | ジョージア | 1 |
| 23 | スイス | 49 | 41 | ヴェトナム | 1 |
| 23 | ボスニア | 49 | 41 | エジプト | 1 |
| 25 | アルメニア | 24 | 51か国合計：28,217人 | | |
| 26 | デンマーク | 22 | (2022年1月1日付) | | |
| 27 | イギリス | 22 | | | |

参照：https://www.yadvashem.org/rigteous/statics.html

注：この統計に掲載されている国別人数は、ホロコーストからユダヤ人を助けたすべての人物を含んでいない。あくまでもヤド・ヴァシェームに登録されている人物である。ユダヤ人を救った人々のなかでも、登録する意思のない人、このプログラムを知らない人、いまだにその事績が明らかとなっていない人も数多く存在する。

# 第二部　ホロコーストからユダヤ人を救った人々

# 1 キンダー・トランスポート――英国に子供たちを逃がせ

**フュートライダ・ヴェイスムラー＝メイヤー** Geertruida Wijsmuller-Meijer 1896-1978 …… **オランダ**

オランダ、アルクマールの豊かな改革派信徒の家庭生まれ。商業学校卒業後に結婚、子供を助けるボランティア活動に参加。三八年から四〇年、キンダー・トランスポートに従事。四一年に東欧ユダヤ難民支援、逮捕されるが嫌疑不十分で釈放。強制収容所への食料小包送付。一九六六年「有徳の人」受賞、植樹。

**ニコラス・ウィントン** Nicholas G. Winton 1909-2015 ……………… **イギリス**

ロンドン生。両親はドイツから来た豊かなユダヤ移民で英風の苗字に改名。イングランド国教会で受洗。高校卒業後独仏で銀行修行。ロンドン証券取引所の株式仲買人として活躍。一九三八年末プラハ訪問、チェコからのキンダー・トランスポートに関与。二〇〇三年英下級勲爵士叙勲。「有徳の人」未受賞。

一九三八年三月のドイツのオーストリア併合、そして一一月の水晶の夜以降、多くのユダヤ人が暴力や差別に耐えかねて独墺からアメリカ・パレスチナ・欧州周辺諸国に亡命を求めた。だが受け入れ国側ではユダヤ避難民の増大が自国の社会不安を拡大させるとして消極的だった。とはいえ第二次大戦の勃発までにユダヤ人一〇万人ほどが脱出できている。希望が叶わず両国に残らざるをえなかったユダヤ人は身に降りかかる不幸を予見して、子供たちだけでも国外に脱出できるよう願い出た。イギリスはヴィザ制度を導入して難民の入国を抑制したが、人道的な見地からパレスチナへの再出国の可能性の大きい子供や青年の入国は認める方向に動いていた。英国議会の承認を得て、「難民児童運動」という組織が立ち上げられ、独墺のユダヤ人組織と早急に連絡を取って、三八年一二月から子供たちの移送が始まった。ベルリンやウィーンなどの大都市では、ユダヤ人難民協会などのユダヤ人団体やキリスト教組織の

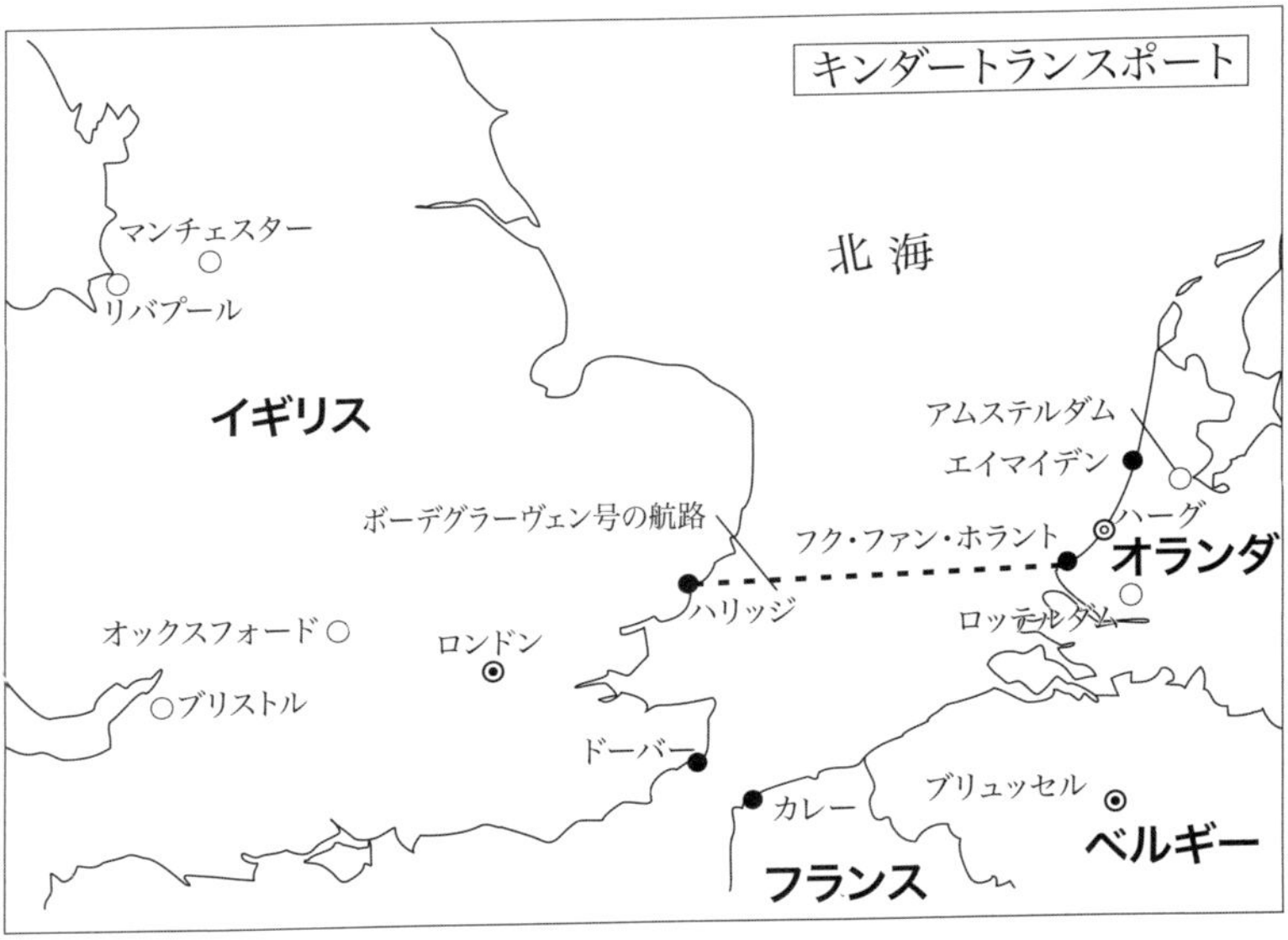


仲介で子供たちの受け入れ家族が決められ、入国ヴィザが手配された。イギリスからヴィザが届くと、子供たちは列車に乗せられてオランダのロッテルダム近郊のフク・ファン・ホランド港まで連れて行かれ、そこから船でイングランド南東部エセックス州のハリッジ港まで送り届けられた。三九年三月のチェコ併合後は、同地からの移送希望も増える。生後二か月の赤子から一七歳までの子供が、三九年九月までに合計で一万人弱オランダから出国した。

　とくにチェコからのキンダー・トランスポートにかかわったのが、ニコラス・ウィントンである。三八年一〇月にチェコスロヴァキアのズデーテン地方がドイツに併合されると、同地方在住のユダヤ人二万人以上が難民となって首都プラハの近郊に流れ込んだ。彼らは子供だけでも難民キャンプから脱出させたいと願い、同国の英難民委員会に救いを求めてきた。年末年始に偶然プラハを訪れたウィントンは、委員会の要請を受け、帰国後に英国内で子供の里親を探し、ヴィザと旅費を工面しようと走り回った。イギリスが受け入れた一万人弱の中で六六九名がチェコからの子供たちである。

このように語ると、子供たちの移送が順調にいったかのように映る。しかし実際にはキンダー・トランスポートは様々な困難に直面した。たとえばヴィザを持っていても独墺当局から出国許可が下りない、許可が下りても五日以内に出国できなければ許可が取り消される、オランダの港が乗船待ちの子供であふれかえる、などである。独墺の仲介組織から依頼されたフュートライダ・ヴェイスムラー＝メイヤー、通称「トゥルースおばさん」は、三八年一二月支援に乗り出す。彼女は、ナチ高官ともコネを持つアムステルダム近郊の裕福なカルヴァン派（改革派教会派）の信徒家庭に生まれ、結婚を期に哀れな子供たちを救うボランティア活動に携わっていた。トゥルースはウィーンに行き、ユダヤ人移民局長のアドルフ・アイヒマンと交渉して六〇〇人分の許可を引き出す。フランクフルト・ハンブルク・ベルリン、東プロイセンのケーニヒスベルクやプラハまで訪れ、各地で親衛隊保安部の担当者から出国の許可を得た。彼女は列車でオランダに着いた子供たちを、出航までアムステルダム近郊の孤児院で預かれるよう手配し、入りきらない子供の世話をハーグの知り合いの家族に頼んだ。オランダがドイツに占領される四〇年五月までに、子供たちは無事にオランダを離れた。

オランダ投降直前のトゥルースの活躍も見逃せない。五月一〇日、独軍がオランダに侵攻したという知らせを受けた彼女は、子供たちを逃がすため、滞在先のパリから大至急アムステルダムの孤児院に戻ろうと試みた。そこでユダヤ人の子供六六名が、英国行きの順番を待っていたからである。通常なら夜行列車で翌朝には到着するものが、鉄道網が寸断されていたために三日を要した。一四日に彼女はアムステルダム防衛隊司令官から呼び出される。そして同市の二〇キロ西にある北海に面したエイマイデン港から英国行きの最後の船、貨物船に子供たちを乗せるよう指示を受けた。本来キンダー・トランスポートの中核となるべきユダヤ難民委員会も同じ指示を聞いたが、その緊急時に会議を開いて対応を協議するなど、いたずらに無駄な時間を費やしていた。その間に彼女は五台のバスをかき集め、子供たちを分乗させるとアムステルダムを後にした。だが港への道はオランダ軍によって封鎖されており、バスは前に進めない。彼女はツテを使って海軍司令官に頼み込み、どうにかエイマイデン港に到着した。彼女は、急いで子供たち全員を貨物船ボーデグラーヴェン号に乗せる。オランダが降伏する一〇分前の一四日午後七時五〇分、船は岸壁を離れた。トゥルースは夫を残して子供たちと英国に行く道を選べず、岸壁で子供たちを見送った。乗客の多くがヴィザを有していなかったため、当初イギリス政府は上陸を認めなかったが、最終的に一九日夜リバプール港で受け入れた。

イギリスに着いた子供たちにも多難が待ち受けていた。半数が養父母に引き取られ、半数が英国全土の簡易宿泊施設や寄宿学校に入れられた。養父母に引き取られても、異国での生活に馴染めない子供が少なくなかった。残念ながら大多数の親がホロコーストの犠牲になってしまったため、戦後両親と再会できた子供はほとんどいない。

オランダ占領後もトゥルースの活動は続く。彼女はポーランドやバルト三国出身のユダヤ難民に偽の証明書を持たせ、マルセイユからパレスチナへ逃避させようと試みた。四一年五月彼女は偽造書類保持の罪でゲシュタポに逮捕されるも嫌疑不十分で釈放される。以後は各地の強制収容所に留置されている子供への食料小包送付事業にかかわった。

## 2　ボルドーでヴィザ三万通を発給したポルトガル外交官

**アリスティデス・デ＝ソウザ＝メンデス**　Aristides de Sousa Mendesr　1885-1954　………**ポルトガル**

ポルトガル中部の農村カバナス・ド・ヴィリアトの貴族の家に生まれ、父は最高裁判事、叔父は外相。コインブラ大学法学部を卒業した一九〇八年に結婚し、外交官に任官。ブラジル、アメリカ、ベルギーなどに駐在。三九年に仏ボルドー領事に任命。六六年「有徳の人」受賞、植樹。実家カサ・ド・パッサル修復事業が進行中。

四〇年五月一〇日、ドイツ軍はオランダ・ベルギーに襲いかかり、そこからフランスに攻め入った。イタリアも参戦したため仏軍は総崩れとなり、英軍はダンケルクから撤退し、六月一四日にパリは陥落した。仏政府はボルドーに避難してきたが、一七日に新首相となったアンリ・ペタン元帥が降伏文書に署名する。フランス全土は実質上ドイツの占領下に入った。反ユダヤ政策をとるドイツの侵略によって、フランスに住むあるいは避難してきたユダヤ人たちに脅威が迫った。占領によって自由を奪われることを恐れ、フランス人も新世界への脱出を試みる。フランスに亡命してきた各国の要人も、再び国外に逃亡せざるをえない。多くの人々が難民と化し、ヴィザを求めて中立国の在外公館に押し寄せた。

三九年九月にドイツがポーランドに侵攻し、イギリスとフランスがドイツに宣戦を布告した。それ以降、戦争状態となったヨーロッパでは大量の難民が発生する。中立政策を保持していたポルトガル政府は同国に難民が流入するのを恐れて、三九年一一月一三日、欧州駐在のすべての在外公館に向けて第一四号通達を送付した。その内容は次の通りである。

欧州で戦争が始まり、戦乱の地に住む人々の多くが安全・安心を求め、中立国を経てアメリカ大陸に渡航したいと願っている。我が国の政府は、こうした人々がリスボン経由で欧州から脱出するのを妨害するつもりはない。ただし難民が、単に脅威から逃れるため大量にポルトガルへなだれ込んでしまう状況は好ましくない。本通達では、リスボンの本省に問い合わせることなしに、各領事が独自の判断で次の人物に対してパスポートや入国・通過ヴィザを発給することを禁ずる。

①国籍不明あるいは国籍に関して係争中の外国人、国籍を保持しない人物、ロシア人、ナンセン・パスポート（国際連盟によって無国籍難民に発行された国際的な身分証明書）保有者

②正当な理由でポルトガルに入国すると領事が判断できない外国人、あるいは万一相手国に入国を拒否された際にポルトガルから問題なく自国に帰国できない外国人（こうした外国人に支援が必要かどうか調査する権限を領事に付与する）

③国外に追放されて国籍を剥奪されたユダヤ人

いかに中立国が難民受け入れに関して消極的だったかが理解できよう。一方でポルトガルでは特別な状況が生じていた。経済学者のアントニオ・デ＝オリヴェイラ＝サラザールが首相になるやいなや、三三年に新憲法を制定し、雇用者と労働者の調和を説く組合主義とカトリック的社会正義を基盤としたファシスト国家を完成させた。独裁者サラザールの意向に背く者は社会から追放された。国内では人々が秘密警察に監視され、自由な発言ができなくなった。海外に駐在する外交官も、政府の通達に逆らえばどうなるかは十分に理解していたはずである。

パリ陥落と時を同じくして、フランス南西部の交通の要所であるボルドーのポルトガル領事館に、ユダヤ人一万人を含む難民三万人がヴィザを求めて詰めかけた。敬虔なカトリック信者で法律家でもある

廃墟と化したメンデスの実家カサ・ド・パッサル。2013 年 7 月、ここでニューヨークのユダヤ人団体によってメンデス展が開催された。

メンデス領事は、憲法で謳う社会正義の理想とヴィザ発給に消極的な政府の姿勢との狭間で二日間悩み苦しんだ。六月一六日、彼は政府命令に反して彼らへの通過ヴィザの発給を決断する。彼は周囲の人々に神の声を聞いたと漏らし、難民の前で次のように語った。

「私は、皆さん全員の生命が脅かされているのを黙って見ていることはできません。皆さんの多くはユダヤ人です。どのような宗教や政治信条を信じる外国人であろうとも、それを理由にポルトガルでの居住を拒否することはできないと、我が国の憲法では定められています。私は政府の命令に黙って従う道を選ばず、憲法の原則にのっとって決断しました。私がキリスト教徒として自らの信教に忠実である唯一の方法は、私の良心の命ずるままに行動することです」。

メンデスは申請者全員にヴィザを発給すると約束し、お金を払えない者からは手数料を取らないとも付け加えた。六月一六日から昼夜を問わず領事館のドアを開け放ち、臨時発給所を設けて領事官補、秘書、二人の息子、ユダヤ人代表者の助けを借りて、不休でヴィザを書き続けた。具合の悪くなった難民を館内で休ませ、飲食も提供した。一方で、在仏の各スペイン領事館ではヴィザの発給が一切禁じられた。独軍がボルドーに近づいてくる中、朗報は燎原の火のように広まり、ポルトガル領事館の前の難民の列は途切れることがなかった。六月二〇日の朝に一段落すると、メンデスは仏バスク地方バイヨンヌの領事館にもヴィザを求める難民が押し寄せていると聞き、ボルドーから同地に車で向かった。そして領事の制止を無視してヴィザ発給を再開する。二二日にはスペイン国境の町アンダイエまで運転して来て、難民たちが無事に国境を越えられたかどうかを視察する。

二一日までにリスボンにもメンデスの噂が伝わった。スペイン政府から、ポルトガル・ヴィザを持った大量の難民が仏国境を越えて入国したという抗議が寄せられたからである。外務省は駐スペイン大使にメンデスの行為を調査するよう命じた。二三日アンダイエで二人は向き合った。本国の命令に従うべきだという大使に対して、メンデスは命令が人道上の配慮と矛盾しなければ従うと答える。同日サラザールは、メンデスからヴィザ発給の権限を剥奪する電報を打った。二四日、大使は即座に任地へ帰還するよう命じたが、メンデスはそれに従わずアンダイエで立ち往生していた難民を連れて領事の権限で国境を越えた。二五日に独仏休戦協定が発効し、スペイン国境は難民に閉ざされた。二六日に彼はボルドーに帰任した。領事の権限はすでに剥奪されていたが、途方に暮れた難民多数を領事館内に招き入れ、偽のポルトガル・パスポートを与えた。七月八日、家族と共に車でボルドーを離れた。

メンデスはフランスから帰国した後にリスボンで公聴会にかけられ、ヴィザ発給に関して追求された。抗告の機会は与えられたが、サラザールの逆鱗に触れたため聞き入れられず、四一年に外務省を退職させられた。一家は困窮し、子供たちは大学入学も認められず、官職に就くこともできなくなった。彼が発給したポルトガル入国・通過ヴィザは三万通以上であり、救われたユダヤ人は一万人以上である。救われたユダヤ人にはフランス・ロスチャイルド家のモーリス・ド＝ロチルド一族、非ユダヤ人では画家のサルバトール・ダリと妻ガラ、ルクセンブルク大公シャルロット、オーストリア・ハンガリー帝国最後の皇太子オットー・フォン・ハプスブルクとその一族などがいる。

# 3　ウィーンで中国ヴィザを発給した反骨の中国外交官

**何鳳山**　Ho Feng-Shan 1901-97 ……………… **中国**

中国湖南省益陽市生まれ。省都長沙の雅礼大学堂で学び、ミュンヘン大学で博士号を取得。三五年に中華民国外交官（トルコ）、三七年に駐ウィーン公使館の一等書記官。ナチスによるオーストリア併合後ウィーン総領事。戦後は数か国で中華民国大使。引退後アメリカに移住。二〇〇〇年「有徳の人」受賞、顕彰碑。

一九三八年三月、オーストリアはドイツに併合された。同国在住のユダヤ人一八万五千人に衝撃が走ったのは言うまでもない。それまで平穏だった国に突然ホロコーストの嵐が吹き荒れることになったからである。彼らの多くが国外脱出を試みるが、同国の出国許可を得るためには目的国の入国ヴィザか同国行きの船舶チケットの提示を官憲から求められた。ところが同年夏のエヴィアン会議の合意に基づき、世界の大多数の国がユダヤ人の受け入れを拒否しており、もちろんのことながらヴィザの発給を拒んでいた。

ウィーンの中華民国総領事館にも入国ヴィザの発給を求めて多くの申請書がユダヤ人から提出された。ところが中華民国政府の対応は定まっていなかった。本国外務省からは申請書を受理してユダヤ人へ寛容な態度を示すよう訓令が届いていた。省内ではユダヤ人難民のために海南島を受け皿とする案まで生じている。ただし具体的な中国入国ヴィザの発給手続きは煩雑で、つてのないユダヤ人がヴィザを入手するのは至難の業だった。一方で中国にも一カ所だけ例外的な都市が存在した。治外法権が適応されている上海租界は、滞在にヴィザの取得を義務づけていない。それを知った何総領事は、ユダヤ人の求めに応じて上海ヴィザの大量発給に踏み切った。本来なら総領事館に上海ヴィザの発給権限はなかったが、ユダヤ人のオーストリア出国を手助けするための便宜的な措置だったのである。三八年一一月の「水晶の夜」事件直後には、総領事館の前にユダヤ人の長蛇の列ができたと言われている。

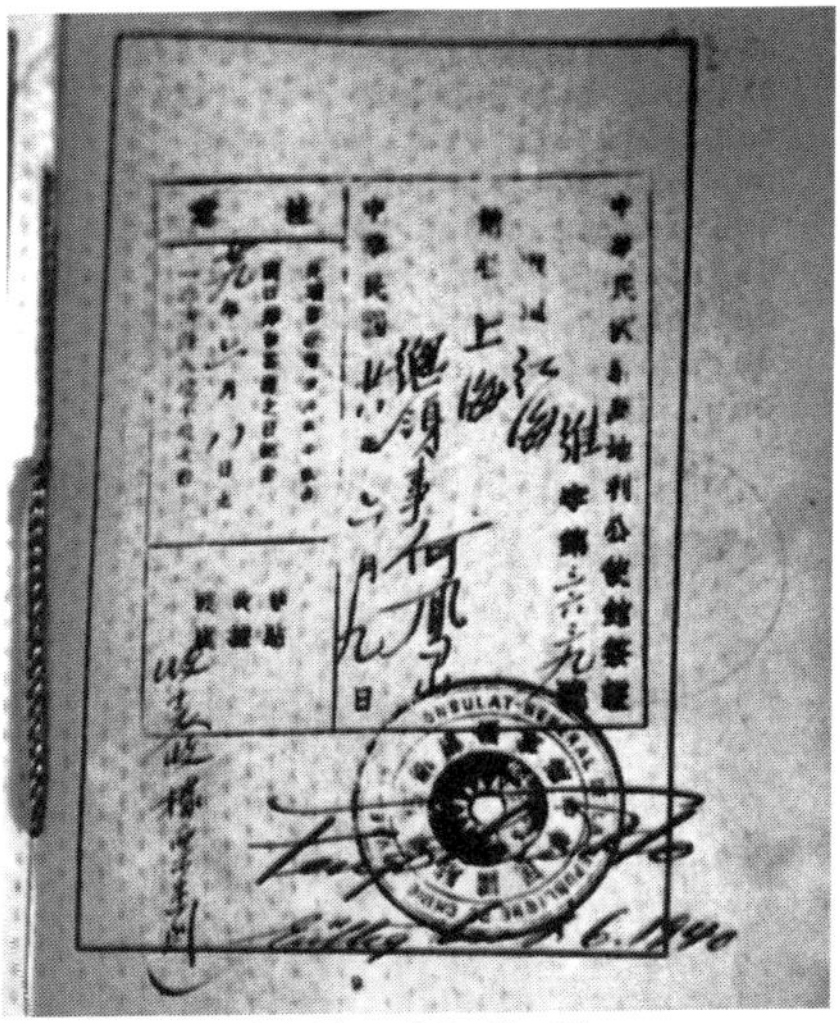

何鳳山の上海ヴィザ

ベルリンの陳介駐独大使は総領事館に電話をかけてきて、何に向かってヴィザの発給を中止するよう命じた。中華民国がドイツとの友好的な関係を維持するためには、ヒトラーのユダヤ人政策に反する行為は控えるべきだと考えていたからである。さらにウィーンではヴィザ発給に絡んで不当な金を受け取っているという噂が流れていたからでもあった。何はユダヤ人に関する本省からの訓令を引き合いに出し、寛容な態度でヴィザを発給している、新たな訓令があるまで発給は続けると答えた。陳は部下をウィーンに派遣して総領事館を査察させたが、不正の痕跡は見当たらなかった。だが不信感をつのらせた陳によって何は総領事の任を解かれ、アメリカの中国系国際問題研究所で働くことになった。大使の命令に従わず、ヴィザを発給し続けた行為が、総領事解任につながったと考えられている。何は三八年中に約二千通の上海ヴィザを発給し、四〇年五月にニューヨークへ転職するまで発給を続けた。発給総数はわからないが、二千通を遥かに超えることは疑いない。

## 4　ナチス占領下のワルシャワでユダヤ人を匿う

**カジミェラ・ジュワフスカ**　Kazimiera Żuławska 1883-1971 ……………… **ポーランド**
旧姓ハニツカ、東ポーランド（現在はウクライナ領）の大地主の娘として生まれ、スイスで仏文学の博士号を取得した。その地で出会った文学者イェジイ・ジュワフスキと結婚して三人の息子をもうけた。第一次世界大戦で夫が戦病死した後、ワルシャワの大きなアパートで三人の息子を育てた女丈夫。

**ヴァヴジニェツ・ジュワフスキ**　Wawrzyniec Żuławski 1901-57 ……………… **ポーランド**
作曲家・作家・アルピニスト、ポーランド作曲家連盟会長、ポーランド著作権協会総裁を務める。独占領下のワルシャワで母と協力してユダヤ人を助ける。スイス・アルプスで山岳救助活動中に雪崩に巻き込まれて不帰の客となった。一九八〇年、二人に「有徳の人」授賞、植樹。

三九年九月、ポーランドはドイツ軍の急襲になす術もなく敗れ、首都ワルシャワもナチスによって占領された。強大な軍事力に屈したもののポーランド人の敵愾心は折れず、ドイツの傀儡政権は樹立されなかった。ポーランド社会を主導してきた人々（政治家、軍人、官僚、弁護士、神父、教授など）は逮捕され、次々と強制収容所に移送された。その多くが過酷な強制労働と劣悪な環境の中で命を落としている。こうしたポーランド社会に対するナチスの暴挙に、銃を持って立ち向かえなくとも、苦々しい思いを有していたポーランド人は少なくない。スイスで人道主義を学んだカジミェラも同じ思いを共有する一人であった。彼女はパルチザンとしてドイツと戦うポーランド人、そしてヒトラーに迫害されるユダヤ人のために、なんらかの支援をしたいと考えていた。

ワルシャワ中心を南北に走るマルシャウコフスカ通り六二番地アパートの大きな部屋に、占領中カジミェラは三男のヴァヴジニェッツと住んでいた。彼女は当初パルチザンの集会や地下出版物の配布場所として、自らのアパートを提供した。四一年夏に独ソ戦が勃発すると、ドイツはウクライナ・ベラルーシ・ソ連占領下の東ポーランドにおいてユダヤ人の大虐殺を始める。殺戮から逃れるため、多くのユダヤ人がまだしも安全な独占領下のポーランドに避難してきた。ワルシャワにたどり着いた彼らのために、カジミェラは空き部屋を利用して欲しいと申し出た。ユダヤ人は田舎にある安全な隠れ家を見つけるための拠点として、偽造身分証明書を手にするまでの潜伏場所として、短期および長期に彼女のアパートに滞在した。多いときには一五名もが同居していたこともある。

ユダヤ人を匿うのは簡単ではない。単に夜露をしのぐだけでなく、食事を提供し、しかも発覚しないよう近所の好奇の目を避けなければならない。ヴァヴジニェッツは、闇市で食糧を調達し、彼らに便宜を図るため隠れて奔走した。それでも巷間の噂に戸を立てることはできず、カジミェラにも危機が迫ってきた。愛国主義者だったアパートの管理人が彼女の活動に共感し、警察のがさいれ情報を事前に知らせてくれた。ナチスの犬と化した警察が家宅捜査に訪れたとき、カジミェラは巧妙な言い訳を準備し、なけなしの懐から賄賂を支払っては窮地を逃れた。もしゲシュタポに突き出されれば、彼女も絶滅収容所送りになるところだった。カジミェラの博愛精神とヴァヴジニェッツの尽力によって、ユダヤ人数十名が終戦まで生き延びることができた。

マルシャウコフスカ 62 番地アパートのベランダに立つヴァヴジニェツ

## 5　マルセイユで二千人を救った米ジャーナリスト

**ヴェイリアン・フライ**　Varian Fry　1907-67……アメリカ

ニュージャージー州の上流家庭に生まれ、ハーバード大学古典文学科を卒業。ニューヨークで雑誌編集者として勤務。三五年にベルリンを訪れてポグロムを目撃。四一年秋の帰国後に米移民政策を厳しく批判。反政府分子と見なされＦＢＩの監視下に置かれ、失意の中五九歳で逝去。九四年「有徳の人」受賞、植樹。

**チャールズ・フォーセット**　Charles Fawcett　1919-2008……アメリカ

ヴァージニア州の名門一家生。レスラーとなってパリ留学。留学中に自由フランス軍に参加。マルセイユでフライに傾倒し協力。戦後ハリウッド映画の脇役として活躍。五六年のハンガリー動乱時に難民移送に関わり、八一年のソ連のアフガニスタン侵攻に反対してムジャヒディンを支援。「有徳の人」未受賞。

一九四〇年六月一四日、ドイツ軍はパリに入城し、二二日に独仏休戦協定が締結されてフランスは降伏した。フランス全体の三分の二がドイツの占領下に置かれ、南三分の一が親独的なヴィシー政権となった。このニュースは即座に大西洋を越えてアメリカに伝わる。休戦協定の第一九条の、仏政府は独法を犯した人物をドイツ側に引き渡さなければならない、という条文が問題だった。というのもヒトラーの弾圧から逃れるためドイツやオーストリアの社会主義者のリーダーたちが、フランスに亡命していたからである。彼らの身にゲシュタポの魔の手が忍び寄ろうとしている。さらにフランス全土で反ユダヤ主義の嵐が吹き荒れることが予想された。六月末のニューヨークにおいて、ヨーロッパ情勢を危惧する知識人グループが集まり、社会主義者を人道的見地から救出するため緊急救援委員会を設立させた。彼らの多くがユダヤ人であり、ナチスの手に落ちると生命が危ない。当時フランスには三〇万人もの外国人が在留しており、五万四千名がドイツからだった。それ以外にも独占領地からの亡命者が多数含まれていた。

この委員会は大統領夫人エレノア・ルーズベルトとコンタクトを取った。その結果、米大統領は亡命社会主義者に二〇〇通の緊急訪問ヴィザを発行するよう国務省に命じた。当時アメリカとヴィシー政権の間の外交関係が維持されていたため、委員会はホロコーストに批判的な編集者のヴェイリアン・フライを同地に派遣することを決めた。委員会は、危険にさらされている数千人の亡命者の中から二〇〇人を選び、救出をフライに託す。

同年八月一五日、フライはマルセイユに到着した。すぐさま委員会から手渡されたリスト全員の連絡先に手紙を書いた。二週間後にはホテルの部屋の前に長蛇の列ができたため、八月末にオフィスを借り、アメリカ救援センターを開設した。助手を雇って毎日六〇―七〇名と面接し、二〇〇名分のヴィザの優先順位をつけようとした。

九月にヴィシー政権でも反ユダヤ人法が制定されユダヤ人に脅威が迫ってきた。膨大な人数がセンターを訪れ、各人が自らの脅威を訴えたため、だれにヴィザを発給したらよいかフライにはわからなくなった。急を要したため、すぐに発給枠を使い果たしてしまう。そこで違法とは知りながら、クリスマスまでに三五〇名ほどをヴィザなしでマルセイユから出国させた。フライの用意した秘密の出国ルートとは次のものである。

①マルセイユからバルセロナ経由でポルトガルのリスボンに列車で向かわせる（フランス・スペイン国境は、仏側のセルベールから西側のポルトボウまで徒歩で山を越えて越境した）。その際フライ

の支援者二名がガイドをかってでた。またユダヤ人に同情する仏人町長の隠れた協力も大きかった。
②もっとも危険なルートだが、警察の尾行をまくためピレネー山脈の険路を越えてスペインに入る。
③もっとも効率の良い方法は出国ヴィザを偽造すること。偽造書類を持って、列車で仏側のポーから
ピレネー山脈を越えて西側のサラゴサに向かった（現在ピレネー越えの路線は一部が廃線）。
④無効となったポルトガル・パスポートを入手して、写真を貼り替えて有効に見せかけ、そこに
キューバのヴィザを発行する。そしてスペインから直接キューバに向かう。
⑤マルセイユから船でアルジェリア西部の港オランに向かう。
⑥地中海岸の仏側国境の町バニュルス＝シュル＝メールから、歩いてスペインに入国する。
⑦正式な出国ヴィザでマルセイユから東カリブ海のマルティニーク仏植民地に船で渡る。
救援センターには四一年五月までに一万五千件の問い合わせがあり、フライは一千人をフランスから国外に脱出させた。間接的な援助をしたのは別途五六〇名ほどにのぼる。

親独的なヴィシー政権はフライの活動を好ましく思っていなかった。同政権は同国駐在の米大使に対して、フライの活動は両国関係を阻害すると言い放った。仏警察は何度もフライの事務所に踏み込んで違法行為を調べ上げ、四〇年一二月、協力者や亡命者六〇〇名とともにフライを三日間拘束した。ヴィシー政権との外交関係の維持を図る米大使は、フライの活動に理解を示さなかった。パスポートの有効期限が切れたため彼が更新を申し出ても、マルセイユの領事館は更新を拒否して帰国を促した。四一年八月、彼は再び拘束されて米大使館の了解の下にスペインに強制送還され、アメリカに帰国させられた。彼の送還後も、四二年六月にセンターが閉鎖されるまでの間に、彼の協力者たちによって三〇〇人ほど

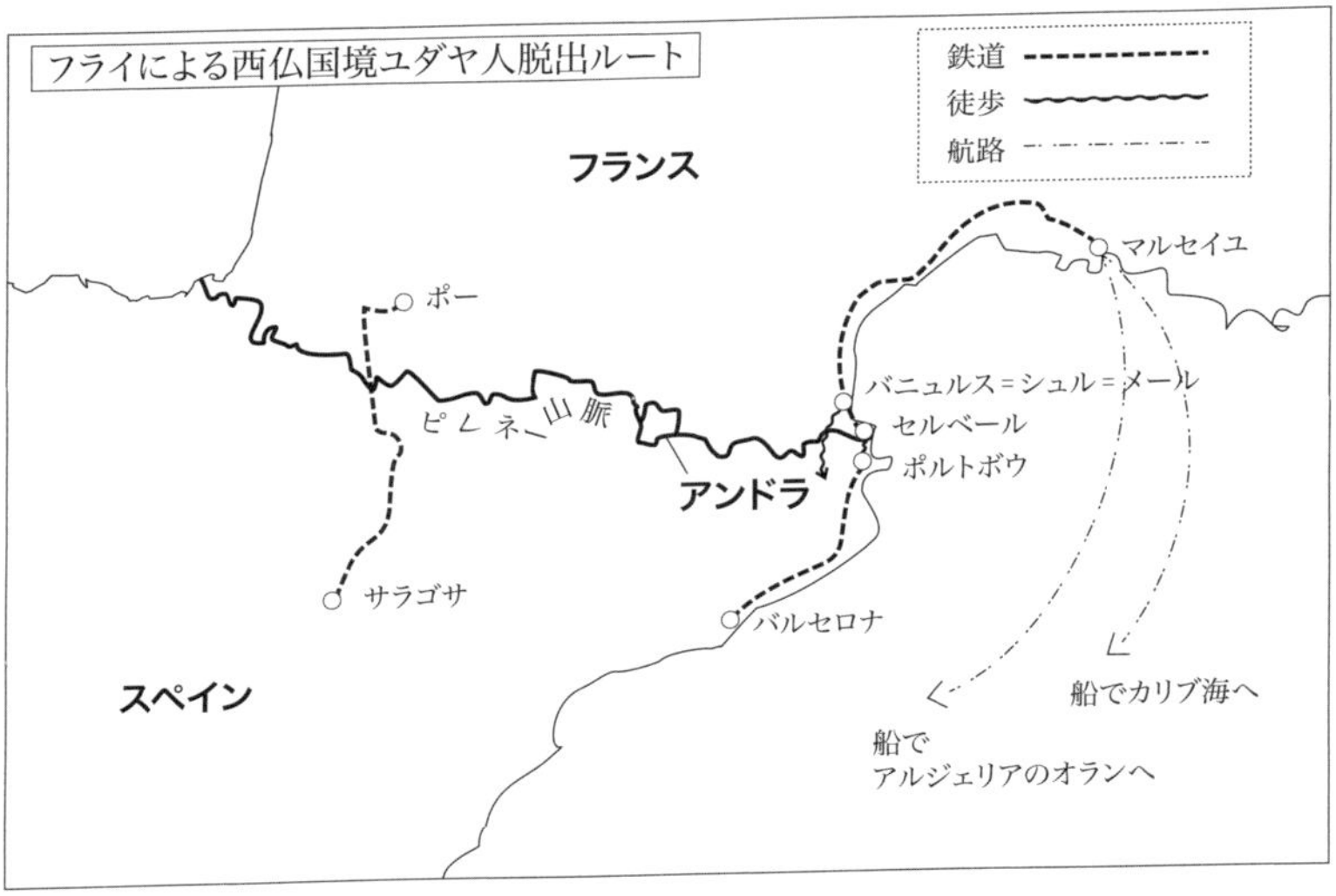


が国外に脱出できた。

マルセイユでフライに協力したアメリカ人にも言及しておきたい。後に俳優となるチャールズ・フォーセットは、フライの活動に共感して彼の事務所の用心棒となった。元レスラーだった長身のフォーセットが仁王立ちになれば、仏警察のエージェントも恐れをなして事務所の様子を調べられない。さらに彼は南仏の収容所にいたユダヤ女性と書類上の結婚を繰り返し、アメリカの配偶者ヴィザを取得させて、六名をフランスから脱出させた。ピレネー越えしたユダヤ人のボディー・ガードも務めている。

フライに救われた知識人には、トーマス・マンの兄で作家のハインリヒ・マン、オーストリアの小説家フランツ・ヴェルフェル、ドイツの小説家リオン・フォイヒトヴァンガー、画家マルク・シャガール、シュルレアリズムの画家マックス・エルンスト、キュビズムの彫刻家ジャック・リプシッツ、『全体主義の起源』を著した政治哲学者ハンナ・アーレントなどがいる。

# 6　ドイツからの脱出ルートを構築したルクセンブルク議員

**ヴィクトル・ボドソン**　Victor Bodson　1902-84 ………… **ルクセンブルク**

ルクセンブルク生。ストラスブール大学法学部卒、モンペリエ大学で法学博士取得。二八年ルクセンブルクで弁護士登録。同国議会議員。四〇年ロンドン亡命。同国法相、議会議長、欧州委員会委員を歴任。七一年「有徳の人」受賞、顕彰碑。

一九三九年九月に第二次大戦が勃発すると、ドイツ国内におけるユダヤ人に対する弾圧が激しさを増した。ユダヤ人たちは必死の思いでドイツからの脱出を試みる。ベルギー南東部アルデンヌの森に源を発してルクセンブルクの東端を流れモーゼル川に注ぐサウアー川は、同国とドイツとの国境でもあり、川幅が五〇メートルにも満たない。この流れの緩やかな川を渡って亡命し、ホロコーストから逃れようと考えたユダヤ人も少なくなかった。

ルクセンブルク大公国は第一次大戦でドイツ軍に占領された苦い経験を有していたため、第二次大戦勃発直後に中立を宣言して戦渦に巻き込まれないよう注意を払っていた。スパイなど危険分子が入国しないよう国境警備を厳重にし、入国審査も厳しい。法学博士号を有するヴィクトル・ボドソンは、二八年にルクセンブルクで弁護士となり政治の世界に足を踏み入れ、戦間期にはルクセンブルクの立法府である代議院の議員を務めていた。彼は同国東端の小村ステンハイムに田舎家を持っており、子供のころには近くを流れるサウアー川で川遊びに興じた経験がある。どこに浅瀬があり、どうやれば容易に川を渡れるかなど熟知していた。

ステンハイムを流れるサウアー川

三九年九月以降、ドイツ在住ユダヤ人からルクセンブルクへの越境を打診されると、ボドソンは人道主義的観点から救いの手を差し伸べる。サウアー川の浅瀬の場所を教え、彼らがドイツ側から夜陰に紛れて渡河してくると、家に招き入れ、濡れた服を脱がして暖を取らせ、服が乾くまで休ませて食事も与えた。さらにあらかじめ準備をしていた仲間の家に連れて行き、彼らの安全を確保した。こうして助けられたユダヤ人は百名にものぼる。

四〇年五月一〇日、ドイツ軍は突如オランダ・ベルギー・ルクセンブルクへの侵攻を開始した。たった半日でルクセンブルク市は独軍の占領下に置かれる。ボドソンは、シャルロット大公一家や政府関係者と共にフランスへ亡命する。同時に匿っていたユダヤ人たちにも大公国の陥落を知らせて、速やかなる亡命を促した。だが独軍の侵攻は素早くフランスも安泰ではない。彼はボルドーまで逃れ、ポルトガル領事のソウザ＝メンデスから入国ヴィザをもらい、スペイン経由でリスボンまで逃避行を続けた。そこからアメリカを経由してロンドンに向かい、ルクセンブルク亡命政府の法相となった。

ボドソンに助けられて命拾いしたユダヤ人によると、ボドソンはゲシュタポに目を付けられており、四二年発行の指名手配者リストに彼の名前が掲載されていた。もし独軍占領時にルクセンブルクあるいはフランスから逃げ遅れていたら、彼が逮捕・尋問され、命を落としていた可能性が高いという。

# 7 隠れ家はワルシャワ動物園

**ヤン・ジャビンスキ** Jan Żabiński 1897-1974 ……… **ポーランド**

ワルシャワ生まれ。母親譲りの動物好き。ワルシャワ大学とワルシャワ芸術大学で学び、生理学で博士号を取得。ワルシャワ農業大学で動物学を教える。一九二九年からワルシャワ動物園長。大戦中は国立衛生学研究所の研究員。ゲットーから逃れてくるユダヤ人を動物園に匿う。六五年「有徳の人」受賞、植樹。

**アントニーナ・ジャビンスカ** Antonina Żabińska 1908-71 ……… **ポーランド**

サンクト・ペテルブルクのポーランド人家庭生まれ。旧姓エルドマン。母と死別し、鉄道技師の父とともにタシケントで育つ。革命時に父が殺されてワルシャワに戻り、首都の農業大学で秘書として働く。そこでヤンと出会い、結婚。動物園に逃れてくるユダヤ人を支援。六五年「有徳の人」受賞、植樹。

一九世紀後半は単なる貴族の動物コレクションに過ぎなかったが、ロシアの支配下にあった一九一二年、教育的配慮と学問的な関心からヴィスワ川東岸の広大な公園にワルシャワ動物園が開設される。独立後には、一五〇〇匹の動物を飼うまで規模が拡大され、ゾウやライオンなどを観るため、ポーランド全土から人々が訪れた。世界的にもまだ園内でゾウを繁殖させるのが難しかった三〇年代に、ワルシャワは交尾・繁殖に成功している。

二九年から動物園長となったヤン・ジャビンスキ博士は、農業大学で動物学を教えるかたわら、市民に愛される園の環境整備と希少動物の繁殖に尽力した。美術好きが高じて画家や彫刻家に動物園を無料で開放し、彼らの創作意欲を高めようと協力する。インテリの知己が増え、その中にはユダヤ人も多かった。動物好きのアントニーナを妻に迎え、公園局から許可を得て動物園内に園長邸を建て、家庭内で夜を徹して傷ついた動物の治療に奮闘する。アントニーナは動物園を「緑の王国」と呼んで愛し、妊娠中に家で世話していたヨーロッパ・オオヤマネコにちなんで、ポーランド語で「ヤマネコ」という名前を生まれてきた息子につけている。ジャビンスキ夫妻はいつも動物に囲まれており、彼らにとって動物園は人生そのものであった。

三九年九月一日にドイツ軍がポーランドへの侵攻を開始してワルシャワも空襲にさらされると、動物園は一変する。肉食獣のオリが壊されると近隣の住民に危険が及ぶと懸念されたため、ヤンはやむを得ず肉食獣の射殺を命じた。バイソンやシマウマなどは、食肉となり兵士の胃袋に収まる。ワルシャワがドイツ軍に占領されると、ヤンの知り合いのベルリン動物園長がやってきて、残っていた動物の多くをドイツ各地の動物園で引き取ると申し出た。動物の命を救うためには承諾する以外にすべはない。引き取り手のない動物は、園の近くに駐屯していた占領軍兵士のために射撃訓練の標的とされた。「緑の王国」は「幽霊屋敷」に変わり果てた、とアントニーナは回想している。四〇年には飼育施設の一部が養豚場として再利用された。独ソ戦がはじまると、毛皮用のミンクや銀狐までが飼育される。

ワルシャワ動物園のヨーロッパ・バイソン

ヤンは独占領後も引き続き動物園長として園の管理を任され、衛生学研究所の研究員にも任命された。ワルシャワ・ゲットーができると伝染病の蔓延を防ぐため、市役所の要請によってゲットー内を視察しなければならず、ユダヤ人の窮状を目の当たりにした。彼はあまりの非人間的な状況に絶句して、ナチス支配に反発する道を選ぶ。ゲットーで出る残飯を豚の餌にするという口実を作り、馬車で入場する許可を得て、行きは隠し持った食料を知り合いに手渡し、座席の下にユダヤ人を隠し入れて帰途についた。動物園に戻ると、使用人が帰った後でユダヤ人を邸内に導き入れ、地下室で生活させる。ヤンはワルシャワ地下組織とも連絡を取り、ユダヤ人のために偽の身分証明書を入手してもらう代わりに、組織の活動家たちも動物園で匿った。偽の証明書を手にしたユダヤ人は、地下組織の支援によって園を出て市内でポーランド人として隠れ住むか、郊外や田舎に逃れる。

ワルシャワ市内に住む人々は、親衛隊やその配下となって働くポーランド人警官から不定期に家宅捜索を受ける。地下組織との関与が少しでも疑われれば、袖の下を渡してやり過ごさない限り、逮捕されて拷問を受け、強制収容所送りとなる。ユダヤ人の隠匿が発覚すれば即刻銃殺された。ジャビンスキ夫妻も細心の注意を怠らなかった。占領中もアントニーナは子供たちのため頻繁にピアノを聴かせていたが、親衛隊の姿が見えると決まってオッペンバッハのオペラ曲を弾く。これは表向きドイツ人に敬意を表しているように映る。だがこの曲は、ユダヤ人に邸内の地下室からトンネルを使って脱出せよとの警告を意味した。彼らは離れまでトンネルを伝って逃げ出し、もぬけの殻となった大型の熱帯鳥類用の鳥小屋に避難する。そこで息を潜めて家宅捜査をやり過ごした。

アントニーナはユダヤ人の衣食住を担当する。不衛生なゲットーから着の身着のままで逃れてきた彼らに、風呂を使わせ、古着屋で調達してきた服を提供する。温かい食事と安眠できるきれいな寝具を用意した。もっとも気を遣ったのは日々の食事である。ワルシャワでは配給券がないとわずかな食料も手に入れられなかった。闇市で食料を調達するにしても価格は高騰しており、購入量が多いと密告者の目にとまる。ヤンは養豚用の飼料と偽り穀物を手に入れ、食用に転用した。地下組織からの支援も少なくない。こうしてジャビンスキ夫妻は、首都が開放されるまでの間にのべ三〇〇人ものユダヤ人の逃亡を助けた。

盛夏にワルシャワ旧市街の対岸にある動物園に足を延ばすと、広大な園内には木々がうっそうと茂り、鳥たちのさえずりが聞こえる。南側の正門からほど近いところに白亜の邸宅「ジャビンスキのヴィラ」が建っている。広々とした二階建てで地下室も明かり取りがあって暗くない。周りの庭も手入れが行き届き、その一角にある離れとは地下室とトンネルでつながっている。ここならば中型の動物でも室内で世話できるし、一〇人以上のユダヤ人も匿えたにちがいない。友人のユダヤ人収集家がゲットーに収監される直前ヤンに預けた昆虫標本が、地下室に遺品として展示されている。友人の妻はゲットー蜂起の前にヴィラへ逃げ込んで九死に一生を得た。今日、陽光で輝くヴィラの横を通り過ぎるだけでは、当時の緊迫した状況を理解することはできない。ぜひともジャビンスキ展が開かれているヴィラを訪れてみたいものである。

ワルシャワ動物園内のジャビンスキのヴィラ

# 8 ル・シャンボン・シュル・リニョン——プロテスタント村の奇跡

**アンドレ・トゥロクメ** André Trocmé 1901-71……**フランス**

ベルギー国境に近いユグノー村生。パリのプロテスタント神学大学卒業。ニューヨークのユニオン神学校留学。ル・シャンボン村の改革派教会主任牧師。ヴィシー政権下の南仏で対独非暴力抵抗運動に従事。ユダヤ人難民を支援。四三年逮捕、拘留、釈放。一九七二年「有徳の人」受賞、植樹。

**エドアール・ティス** Édouard Theis 1899-1984……**フランス**

アメリカで教師を務める。改革派教会の宣教師としてアフリカに派遣。パリのプロテスタント神学大学卒業。トゥロクメと大学で同窓。トゥロクメに請われ、ル・シャンボン村で寄宿学校設立に尽力。ユダヤ人難民を自宅に匿う。一九八一年妻ミドレッドと共に「有徳の人」受賞、顕彰碑。

**ダニエル・トゥロクメ** Daniel Trocmé 1912-44……**フランス**

四一年クェーカー設立のレ・グリオン寄宿学校校長。四三年、ル・シャンボン村のプロテスタント系全寮制寄宿学校の物理・化学の教師・校長。同年六月、ゲシュタポの手入れの際、一八名のユダヤ人生徒と共に逮捕。四四年マイダネク絶滅収容所で三四歳の若さで病死。一九七六年「有徳の人」受賞、植樹。

一九四一年一二月、ロアール川の源流に近い南仏オート・ロワール県の標高八〇〇メートルの寒村ル・シャンボン・シュル・リニョン村は、すでに雪に覆われていた。ヴィシー政権下の南仏の寒村にドイツ生まれのユダヤ人女性が独占領下の北仏から列車に乗って逃れてきた。彼女は肩にショールをかけコートをはおっていたが、その下には夏服しか着ておらず、木靴の中は雪でぐっしょりと濡れていた。村役場で助けを請うが、けんもほろろに追い返される。一筋の光を求めて村の牧師館のドアをたたいた。

牧師の妻マグダは、すぐさま彼女を部屋に招き入れて薪ストーブの前に座らせ、靴を乾かし温かい飲み物を運んでくる。事情を聞くとマグダは、牧師館は出入りが多くて危険だと語り、知り合いの農家に頼んで彼女を匿ってもらった。すべての救出劇はここから始まる。

このとき、村のプロテスタント（改革派教会）主任牧師であるアンドレ・トゥロクメは、マルセイユでクェーカー派（キリスト友会）のアメリカ人代表者と会っていた。クェーカーは、人間の尊厳や根源的平等を訴えて主張にかなう運動を展開しており、難民キャンプに押し込められた外国籍ユダヤ人に薬や食料を提供する慈善活動に従事していた。ナチスに対する非暴力抵抗運動に参画する牧師は、最低限ユダヤ人の子供たちだけでもキャンプから救い出したいと申し出、ル・シャンボン村で匿うためクェーカーに資金援助を求めた。クェーカーから支援の約束を得て、牧師は福音書の教えに従い村のプロテスタント信者の協力の下で、差別され窮地に追い込まれたユダヤ人を村内で匿う覚悟を決めた。

トゥロクメは、パリのプロテスタント神学大学の同級生であるエドアール・ティス牧師と共に、村で開校したプロテスタント寄宿学校にユダヤ人教師を偽名で雇い、ユダヤ人の子供たちを受け入れた。教会の日曜礼拝で二人は「聖書の民」であるユダヤ人を救うべきだと訴えて、住民に協力を求めた。教師で従弟のダニエル・トゥロクメを村のもう一つの寄宿学校の校長として招き、増える子供たちの身分証明書を偽造させ、警察の捜査から守らせた。また寄宿生を受け入れていた信者の家にも、ユダヤ人を何人も匿ってもらった。ティスは、プロテスタントが組織するCIMADEという難民支援委員会の力を借りて、険しい峰を越えてユダヤ人を中立国スイスに逃す活動も進めた。

トゥロクメはヴィシー政権にユダヤ政策を変更するよう迫っている。四二年八月に政権の高官が村を視察に訪れた際、彼は寄宿生に嘆願書を提出させ、パリでのユダヤ人一斉検挙を非難し、政権がユダヤ人逮捕を止めるよう要求した。一〇日後警察が村に踏み込み一斉捜査を行ったが、だれも逮捕することはできなかった。ところが四二年一一月にヴィシー政権支配地区もドイツ軍に占領されると、四三年二月に牧師二人とプロテスタント信者代表一人が逮捕され、南仏の収容所に投獄された。だが政権といえども信頼の篤い牧師らをむやみに絶滅収容所に移送できない。政権批判を止める誓約書へのサインを求めたが、牧師二人は署名を拒否した。五週間後、政権は苦渋の末三名の保釈を決定した。しかし政権は報復の機会をうかがっていた。四三年六月にゲシュタポが寄宿学校に踏み込み、校長のダニエル・トゥロクメと匿われていたユダヤ人寄宿生のほとんどを逮捕する。全員がマイダネク絶滅収容所に移送されて不帰の客となった。二人の牧師も四四年六月の連合国のノルマンディー上陸作戦まで地下に潜伏することを余儀なくされる。

ル・シャンボン村顕彰碑

四一年末から四四年六月までの間に、五千人ほどしか住んでいないル・シャンボン村で三千～五千名ものユダヤ人、特に子供たちが村人に匿われてヴィシー政権による逮捕を免れた。トゥロクメ牧師とプロテスタント精神を有する協力者たちが、フランスの他の地区では考えられないほど多くのユダヤ人を救うという奇跡を起こした。ヤド・ヴァシェームは牧師の妻マグダも含めた四〇名ほどの協力者も「有徳の人」として顕彰し、九〇年「有徳の人」庭園にル・シャンボン村の顕彰碑を作成した。

# 9　杉原千畝と「命のヴィザ」

**杉原千畝**　Chiune (Sempo) Sugihara　1900-86 ……………………**日本**

岐阜県八百津町生。愛知県立第五中学（現在の瑞陵高校）卒業。外務省留学生試験（ロシア語）に合格して早稲田大学を中退。二四年外務省書記生。満州里、ハルビン駐在。三七年からヨーロッパ駐在。四七年帰国後に外務省を退職。六〇〜七五年モスクワの商社勤務。八四年「有徳の人」受賞、植樹。

## 一、第二次世界大戦とリトアニア

「命のヴィザ」の舞台となった第二次世界大戦初期の東欧とリトアニアの地理と歴史を振り返ってみたい。

地図「第二次世界大戦前のドイツ・ソ連支配地域」をみればわかるとおり、一九三八年までのポーランドは、今日のポーランド領と比べると二百キロほど東に位置していた。今日のベラルーシ西部やウクライナ西部、ヴィルノ（リトアニア語でヴィルニュス）地方まで支配しており、ルーマニアとも国境を接している。

一九一八年に独立したリトアニアは、大統領制を採り一院制の議会を有する人口二〇〇万人強の共和国だった。二〇年代半ばには一時期左派政権が誕生するが、四〇年八月にソ連によっ

第二次大戦期のリトアニア（1939-1941 年）

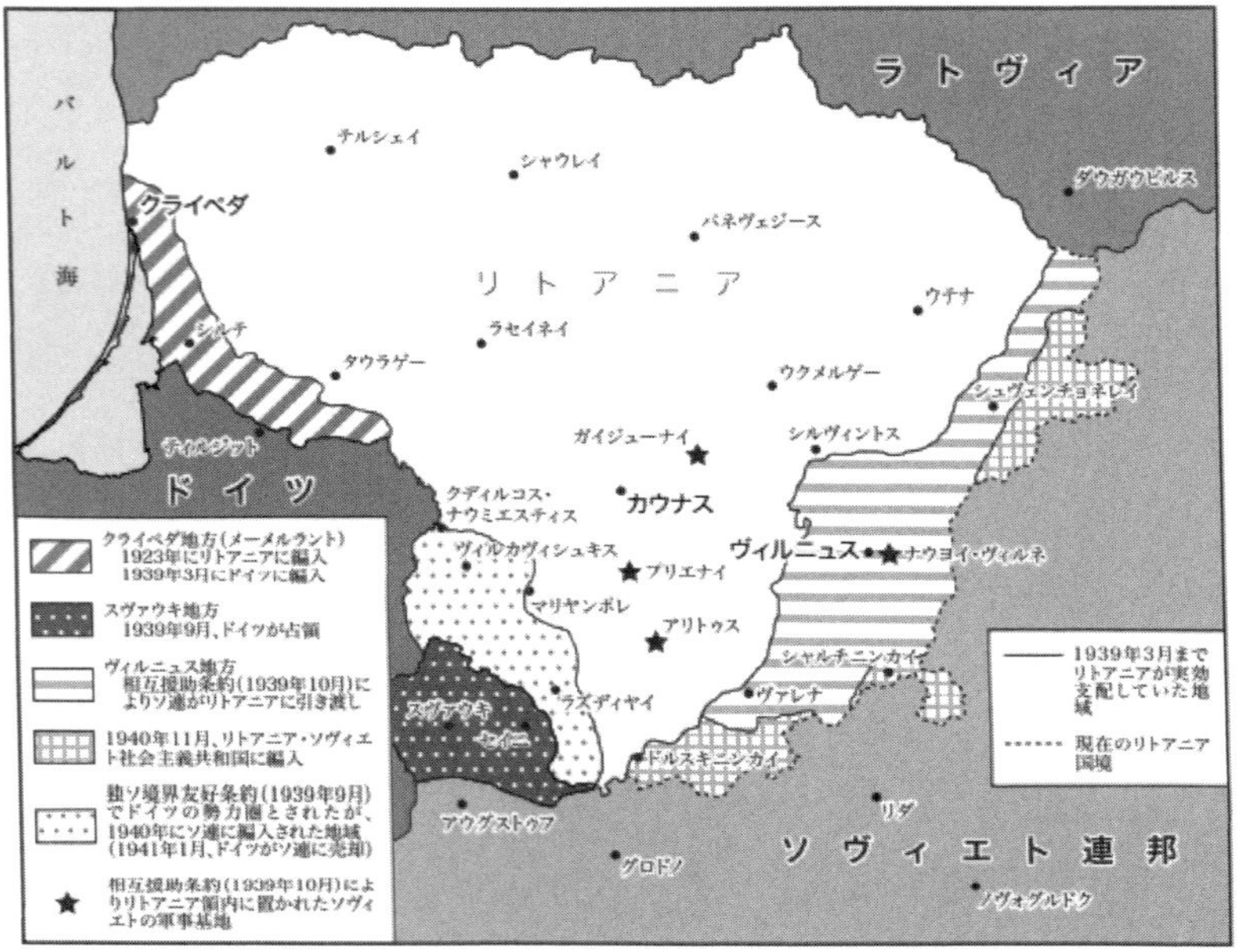


出典：重松尚「独立の喪失――モロトフ＝リッベントロップ条約と第二次世界大戦」（櫻井映子編著『リトアニアを知るための60章』明石書店、2020年）。

て併合されるまで民族主義的な独裁政権が続いた。北でラトヴィア、南でポーランド、南東でドイツの東プロイセンと国境を接している。ソ連とは国境を接していない。

リトアニアとポーランドの関係も複雑である。リトアニアが独立を宣言したヴィルニュスは、二〇年のソ連・ポーランド戦争でポーランドが勝利すると、ポーランド軍に占領され、二二年に同国領に組み入れられた。リトアニアは暫定的な首都をカウナスに置いた。すぐさま同国政府はポーランドと断交し、険悪な関係が一五年以上続く。三八年、東の大国ソ連に対する安全保障を強化するため、

ポーランドが無理やりリトアニアに外交関係の再開を求めた。ポーランドの十分の一以下の人口しかない小国リトアニアにとって、「地域大国」ポーランドの要求は拒めない。ちなみに地図「第二次大戦期のリトアニア（一九三九～四一年）」のとおり、三九年春にバルト海沿岸にあるクライペダ（ドイツ語でメーメル）も、力づくでナチス・ドイツに併合された。三八年の人口は二五〇万人ほどである。

三九年八月二三日に独ソ不可侵条約が締結され、両国による東欧の分割占領が合意された。一九三九年九月一日、ドイツがポーランドに電撃戦を仕掛け、第二次世界大戦がはじまった。ポーランド陸軍は、すでに同年春ドイツ軍の侵攻に備えて、同国西部と北部に三九個師団百万人の兵力を集中させていた。だが圧倒的に優勢な機甲師団と空軍を用いて、独軍は国境を越えて怒涛の攻勢を仕掛ける。ポーランド側は各地で兵力を撃破され、残存兵力を同国南東部（現在のウクライナの西部、当時はルーマニアと国境を接していた）に後退させて反撃の道を探っていた。全面戦争を恐れる英仏が対独軍事行動に踏み切らず「奇妙な戦争」を続けている間に、九月一七日、ソ連がポーランド東部に攻め込んできた。百万人規模の赤軍の攻撃に対して、ポーランド陸軍の東部国境防備は手薄だった。十万人ほどの国境警備軍や訓練中の補充兵が中心の留守師団では、赤軍の急襲に到底太刀打ちできない。陸軍は総崩れとなり、地図「１９３９年９月のドイツ・ソ連支配地区」のとおり、ポーランドは独ソ両国に分割占領されてしまった。ポーランド南東部に後退していた政府と軍首脳は、赤軍の封鎖をかいくぐり国境を越えてルーマニアに逃げ込む。そこから海路でフランスに向かい、亡命政権を打ち立てた。ポーランド領内では散発的な抵抗が続いたものの、ほとんどのポーランド将兵は独ソ両軍の占領地域で降伏して捕虜となった。

分割直後の三九年九月二八日、独ソ友好境界条約が締結され、リトアニアはソ連の勢力圏に組み入れられた。一〇月一〇日にリトアニア・ソ連相互援助協定が締結される。ポーランドに併合されていたヴィルニュス地方をリトアニアに返還する代わりに、ソ連軍二万人をリトアニアに駐屯させることが決められた。ソ連によるリトアニア併合の布石が打たれたことになる。こうして一〇月二八日にヴィルニュスがリトアニアに返還され、ソ連占領下のポーランドとリトアニアとの間に新たな国境線が引かれた。ヴィルニュス地方の住人五〇万人が市民権を取得したため、リトアニアの人口は三〇〇万人となった。

## 二、陸軍捕虜の到来

ポーランド北東部でリトアニア東部と国境を接するヴィルノ地方に二個歩兵師団が、南部国境のグロドノ（現在はベラルーシ領）にも一歩兵師団が駐屯していた。だが師団主力が西部に配備され、訓練中の補充兵しか残っていない留守師団に、強大な兵力を誇る赤軍と正面から戦う術はない。九月一八日に約一万人の残存兵力と数千人の義勇兵を率いて、中立国のリトアニアに逃げ込んだ。

小国リトアニアは、戦争勃発直後に中立を宣言した。戦時国際法（一八九九年締結のハーグ陸戦条約）では、原則として交戦国の軍隊が中立国内を移動することを禁止していた。だが弱小リトアニア軍に、越境を試みる交戦国部隊を押しとどめる能力はない。国境を開いて逃亡を受け入れる以外に選択肢はなかった。中立国が受け入れた将兵は、厳密にいえば敵軍の構成員ではないため、捕虜と同様に移動を制限されるものの、自由度の高い抑留者という立場だった。

九月七日、リトアニア陸軍参謀本部はいち早く捕虜収容所の設営を始めた。一七日にソ連が参戦すると、九月末までに合計一万四千人ほどの将兵が抑留者としてリトアニアで収容される。越境してきた軍隊の中には、軍人以外に警察官・消防士・義勇兵・文官・学生、それにヴィルニュス地方在住の士官の家族まで含まれていた。一〇月には雪が降り始め、一二月には零下二十度を下回るため、テントや簡易施設で一夜を明かすことは難しい。暖房設備の整った建物を用意し、部屋を暖める燃料も配給しなければならない。大量の抑留者に提供する食事や衣服も不可欠であった。傷病兵もいることから医療の提供も必要となる。リトアニア軍は抑留者が暫定的な収容施設では冬を越せないため、九月半ば以降に地図「リトアニアの捕虜収容所と難民収容所１９３９－４０年」のとおり七つの大規模な収容所を新たに開設して抑留者を収容した。収容場所は軍事施設に限らず、学校や療養所など民間施設も活用された。

小国リトアニアにとって、多数の抑留者を長期間にわたって収容所するのは、財政面からいっても困難だった。捕虜ではないので、強制労働に服させるわけにはいかない。本来ならば戦争終結後にポーランド政府が将兵の必要経費を弁済しなければならないが、フランスに逃れていた亡命政権が抑留者経費を支払えるはずもなかった。リトアニア政府はポーランドの同盟国イギリスとフランスに対して経費の立て替えを要請する。ところが英仏両国は、「俘虜規定」を盾にして、戦後に再興されるポーランド政府が支払うべきだと回答し、暫定的な弁済にすら応じなかった。

リトアニア政府は、たとえ人道的な対応が必要だとしても、負担元が決まらないまま莫大な経費を垂

リトアニアの捕虜収容所と難民収容所 1939-40 年

れ流す抑留者を収容できない。やむをえずポーランドを占領するドイツやソ連と、抑留者を引き渡す交渉をはじめた。ただし収容所に抑留された全員を無理やり独ソ占領軍の手に引き渡さず、送還までに一定の期間を設け、本国への帰還を望まない者には逃亡を黙認する、あるいは収容所から解放した。ソ連との取り決めが結ばれ、三九年年一一月から抑留者がソ連占領下のポーランドへ送還され、ドイツ占領下への送還が始まったのは四〇年四月である。三千名の将兵が脱走し、五六〇〇名が逃走しないと宣誓したう

えで解放された。逃亡したポーランド将兵の多くは制服を脱ぎ捨て、リトアニアに組み入れられたヴィルニュス地方に身を潜めた。併合されたとはいえ、同地方で農耕を営んでいたポーランド人農民が引き続き住み着いており、彼らの多くが祖国のために戦った将兵を更衣させて匿う。百数十名の士官は、身分を隠してスウェーデン経由でフランスに向かい、亡命政権に参加した。

## 三、難民の流入

ポーランドが独ソに占領されると、約三万人の難民がリトアニアに押し寄せてきた。その中でも八五パーセントの難民が、国境を接する東ポーランドからポーランド語の通じるヴィルニュス地方に入ってきた。ちなみにポーランドの人口の九割以上を占める農民は、生産手段である土地を離れることができず、ほとんど難民となっていない。

リトアニア政府の統計によると難民の半数にあたる一万五千名がユダヤ人だった。彼らの構成は、男性七割、女性二割五分、残りが子供である。男性の割合が極端に多いユダヤ人グループとは、イェシヴァと呼ばれるユダヤ教神学校の生徒、教師・学者であるラビおよびラビの家族である。東欧の伝統的なユダヤ教の超正統派の神学校では、男性しかラビになることができないため、神学生も男性ばかりだった。男性超正統派とはユダヤ教の戒律を厳格に守り、世俗と離れて宗教世界を中心に生活する一派である。男性は宗教を学び、女性はそれを支える。ちなみに現代のイスラエルでは税金や兵役まで免除され、ユダヤ教国家の礎となるグループである。神学校は信者たちからの喜捨によって運営され、神学生たちは将来ラビとなり、国教であるユダヤ教の中核を担う。神学校は一九世紀以降ユダヤ人口の多かった東ポーランドにいくつも設立されていた。

神学校の構成員以外にシオニズムを信奉するユダヤ人青年たちも難民となった。彼らは、ユダヤ民族は自らの国家を再興すべきだという考えに共鳴して、若い農業労働者としてパレスチナへの移住を計画していた。ところが共産主義国家であるソ連では信教の自由が認められない。ソ連占領下の東ポーランドでは、カトリックの教会だけでなくイェシヴァも閉鎖され、シナゴーグでの礼拝が禁止されるのは明らかだった。宗教指導者は逮捕されてしまう。移動の自由も奪われて、共産主義の歯車の一部に組み入れられてしまう。そうした事態を恐れて、信仰心の篤いユダヤ人が、大挙してポーランドからヴィルニュス地方に逃げ込んできた。

避難先のシナゴーグで勉学に励む超正統派の神学生たち

逃げ込んできた超正統派の神学校の中で最大規模だったのが、ミール（当時の東ポーランド、現在のベラルーシ）にあったミール神学校である。神学生三〇〇名、ラビとその家族を含めると総勢で四〇〇名ほどだった。現在はイェルサレムとニューヨークのブルックリンで活動しており、世界最大のユダヤ教神学校でもある。敬虔なユダヤ人たちの寄付によって運営される神学校は、ソ連占領によってユダヤ教が禁止されると、教師であるラビが逮捕され、寄付が途絶えてしまい、運営に行き詰まる。三九年一〇月半ばに、神学校の全員が、リトアニアに併合される予定のヴィルニュスに移住した。同市は「リトアニアのエルサレム」とも称されるユダヤ人の多く住む町で、神学生たちの衣食住も支援してくれた。だが四〇年一月に、総勢は暫定首都カウナスの北二五キロにあるケダイネイ（ポーランド語でケイダン）に引っ越した。この町にあるイェシヴァが、全員の面倒を見てくれることになったからである。政府の設立した難民収容所より、はるかに待遇がよかったはずだ。

残りの一五パーセントの西ポーランドから来た難民も複雑である。スヴァウキ地方が東プロイセンに併合される前に、独占領下の西ポーランドから自主的に逃れてきた人々と、併合後にドイツ人に家や土地を奪われ、無理やりリトアニア側に追い出された農民がいる。前者は家族連れが多く、比較的裕福だったと推察される。後者は着の身着のままで国境を追い立てられ、リトアニア側の収容施設にたどり着いた。

ヴィルニュスで食料の配給を待つ難民たち

ヴィルニュス地方では、大量の難民の来訪に直面して、在住ポーランド人たちによって難民救済委員会が組織された。とりあえず既存の公共施設に受け入れていく。それでも足りないため、一般の家庭でも難民を受け入れた。大量の食糧を用意し、何十か所もの食堂を開設した。冬用の衣類だけでなく、ブーツや靴下・下着を配給した。

ヴィルニュス地方を併合したリトアニア政府も救済に乗り出す。自国の赤十字社を使って、七四ページの地図「リトアニアの捕虜収容所と難民収容所１９３９－４０年」のとおり、国内六か所に難民

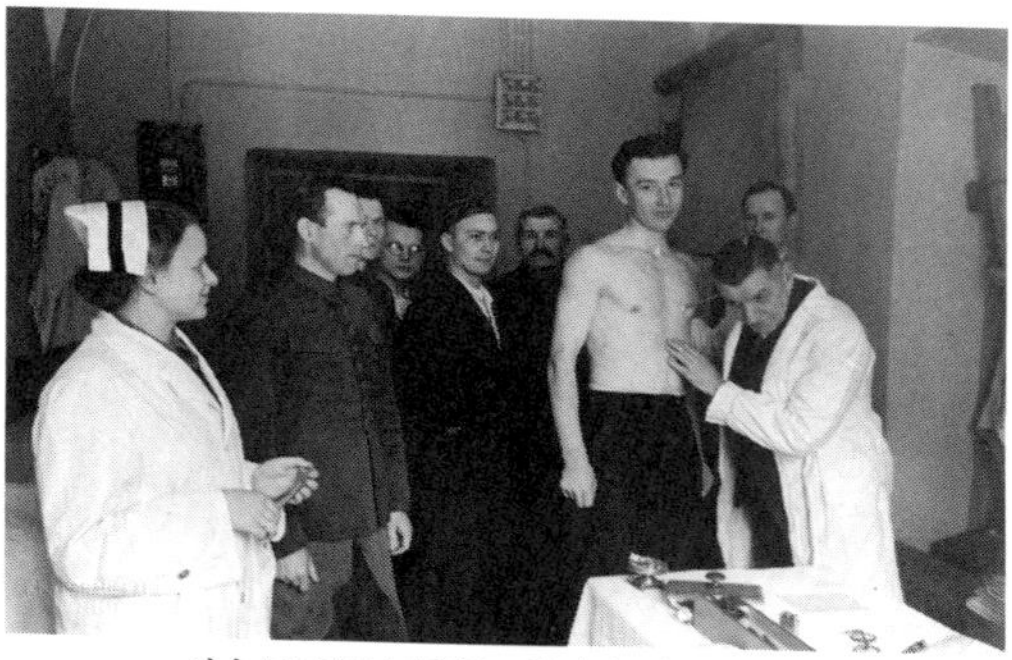

リトアニア人医師の診察を受ける難民

のための収容施設を用意し、ヴィルニュスから難民たちを振り分けていく。極寒の冬を乗り切るため暖房が完備した宿泊施設と、室内を暖める燃料を準備する。食料や衣服に加えて、医療チームを送り込み、難民の健康管理に努めた。子供たち用の学校まで開設している。この経費は国家予算ではまかないきれず、リトアニア赤十字が窓口となり外国の支援団体からの資金援助に頼らざるをえなかった。具体的には、国際赤十字、アメリカのフーバー委員会（ポーランド人救済委員会）とジョイント（米ユダヤ人合同分配委員会）、イギリスのポーランド難民支援委員会から支援を受けている。

特に重要な役割を果たすジョイントとは、一九一四年にトルコ支配下のパレスチナに住むユダヤ人を支援するためにアメリカのニューヨークで生まれた組織である。ユダヤ教正統派や改革派、ユダヤ労働運動組織が全米在住のユダヤ人から募った寄付金を、世界中で困難に直面するユダヤ人に送り届けることを目的としてきた。初代の指導者は、日露戦争のときに日本の戦時債権の購入を申し出た米ユダヤ銀行家のジェイコブ・シフである。第二次世界大戦が勃発すると、ヨーロッパ各地で苦しむユダヤ人を支援する活動を始めた。リトアニアには、コロンビア大学大学院を修了した若きソーシャル・ワーカーのモーゼス・ベッケルマンが派遣された。彼はヴィルニュスにオフィスを構え、ジョイントから送られてきた資金を、ユダヤ難民救済のため同地の赤十字やさまざまな支援組織に配分した。

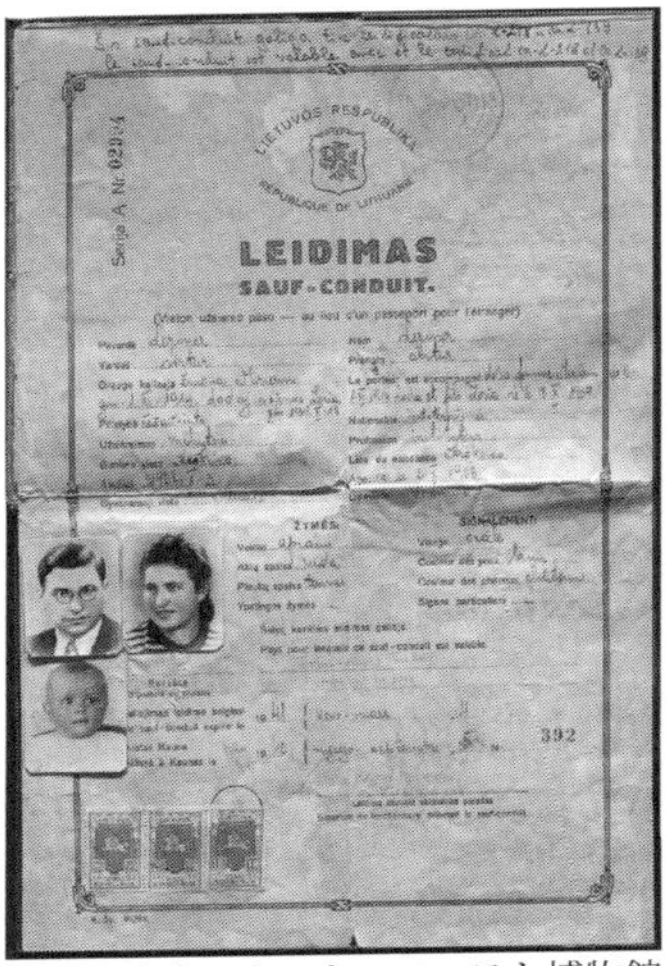


モントリオール・ホロコースト博物館に所蔵されるリトアニア政府の安全通行証：アルトゥール・レイマーと妻子が本証一通で海外に渡航可能だった。本証の裏側にキュラソー・ヴィザや日本通過ヴィザが発給された。ただし本証は40年9月5日に発給されており、杉原はカウナスを出立した後である。彼らは偽ヴィザで来日してカナダまで逃れた。

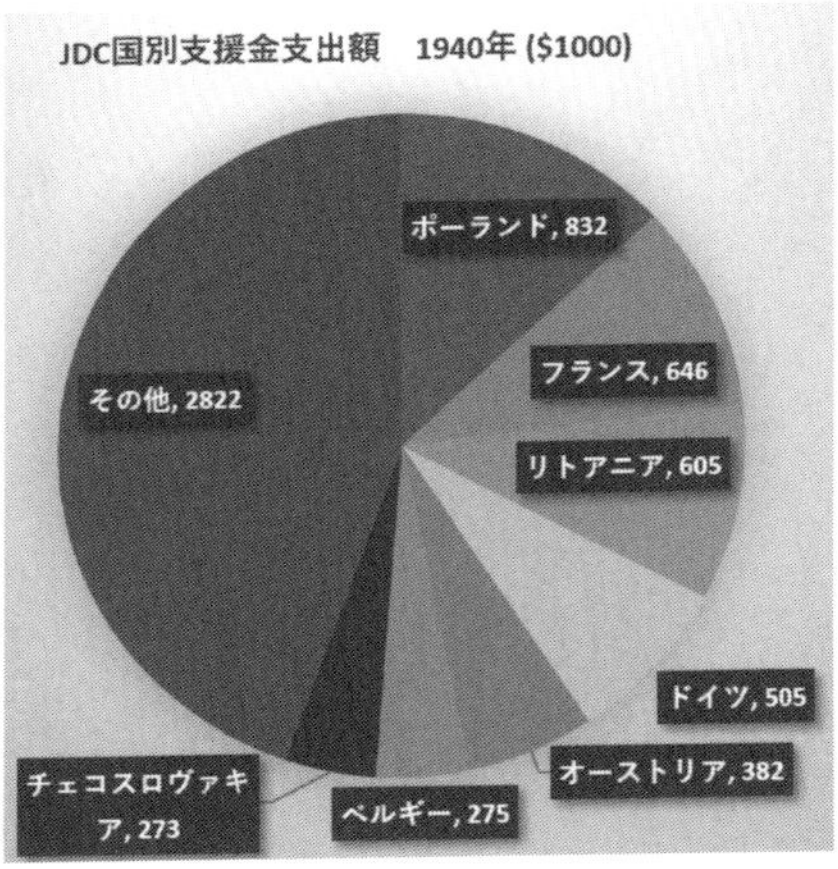


円グラフ「ジョイント国別支援金支出額１９４０年」のとおり、四〇年にジョイントがリトアニアに送金した金額は六〇万五千ドル（現在の二四〇〇万ドル）にも及ぶ。ジョイントにより四〇年に世界全体で支出された六三四万ドルの約一〇パーセントが、小国リトアニアのユダヤ難民一三五〇〇人のために使われた。一人当たり四五ドル、独占領下の西ポーランドに住むユダヤ人二〇〇万人には、一人当たり四〇セントしか支払われていない。ベッケルマンの尽力によって、ジョイントがリトアニアのユダヤ人救援を優先したことは明らかである。とにかくアメリカ在住のユダヤ人たちが多大な寄付金を拠出したことなしに、窮地に追い込まれたユダヤ難民のリトアニアからの救出は実現できなかった。

　海外からの支援がもたらされるからとはいえ、捕虜に加えて大量の難民まで受け入れるのは、小国リトアニアにとって過大な負担である。人道上拒否できないものの、できれば長期に滞在して欲しくない。彼らが第三国に出国できるよう環境を整える必要があった。ところが難民の多くは、外国に逃れることを事前に想定しておらず、パスポートを取得していなかった。リトアニア政府は、希望者にパスポートの代わりとなる安全通行証を発給した。通行証の裏側に在外公館でヴィザを記載してもらえば、それはパスポートと同様に利用できた。ポーランド亡命政権の外交事務を代行するイギリス総領事館でも安全通行証が発給された。杉原の発給したヴィザのほとんどが安全通行証の裏側に記載されている。

## 四、リトアニアのソ連併合

四〇年六月半ば、独ソ友好境界条約に基づき、ソ連はバルト三国に軍隊を派遣して全土を占領し、各国で人民政府を樹立した。リトアニアでも七月にソ連監視下で議会選挙が行われ、共産党一党支配が完成する。同月二一日に召集された人民議会は、自国が社会主義人民共和国であると宣言し、八月三日にソ連邦への編入を申請した。ソ連最高会議がそれを受け入れたのは言うまでもない。バルト三国と東ポーランドは、地図「１９４０年８月のドイツ・ソ連支配地域」のようにソ連に併合された。まさに杉原がユダヤ人に「命のヴィザ」を発給したのが、この時期である。

四〇年八月以降リトアニア社会主義共和国でもソ連憲法が導入され、土地や企業が国有化された。内務人民委員部（内務省・治安警察）が思想統制を敷き、集会や信教の自由を奪い、カトリック教会やシナゴーグでの礼拝も厳しく制限した。共産化に抗議した六千人以上が一年以内に逮捕され、リトアニアのエリート層一万七千名もシベリアに追放される。

捕虜や難民の運命も過酷である。脱走あるいは解放された捕虜は、兵士であった身分を隠してソ連の市民権を取得するか、独ソに支配された祖国ポーランドに戻る以外に生きる術がなかった。ドイツ側に引き渡された抑留者一六〇〇人は、ドイツ本国にある捕虜収容所に送付され、劣悪な環境の中で強制労働を強いられた。士官の多くは、裁判にかけられることもなしに銃殺された。ソ連側では、一七〇〇名の抑留者の中で士官だけは内務人民委員部に引き渡された。東ポーランドで赤軍の捕虜となった二万人以上の士官と共に、彼らは四〇年三月にスモレンスク近郊のカティンの森で銃殺された。兵卒は、三九年末までに解放される予定だったが、道路や鉄道を建設するため強制労働に動員された。とはいえ士官とは違い、命を奪われることはなかった。

四〇年五月にドイツがオランダに侵攻して以降、欧州の政治状況が混乱した。海外からの難民への支援が滞る。難民収容所での配給は減少し、リトアニア政府も打つ手に窮した。同国がソ連に併合されると、外国から難民への支援が完全に止まり、収容所は運営できなくなる。難民はソ連当局から四一年春までに退去を求められた。彼らもまた、共産主義の歯車の一部となるか、それを拒否して自らの力で生きていくかを選択しなければならなかった。

四一年六月二二日に独ソ戦が始まると、すぐさま反ソ勢力によってリトアニア全土で自然発生的に蜂起が起きた。民族主義的な臨時政府が樹立され、国家制度がソ連併合前に戻される。

ところがリトアニアを占領したナチス・ドイツは、同国の独立回復を許さず臨時政府を解散させた。リトアニアは第三帝国管区オストランドに組み込まれ、再び自治を奪われた。親衛隊の行動隊とリトアニア人協力者によってホロコーストの嵐が吹き荒れる。リトアニアがソ連によって再占領されるまでの間に、同国在住のユダヤ人一五万人の九五パーセントが虐殺された。四四年夏に再度ソ連邦の一共和国となり、共産主義体制に組み込まれた。民族主義は抑え込まれ、リトアニア人にとって苦難の時代が続く。八九年以降、東欧諸国が次々と共産主義を捨て民主化していく中で、九〇年にリトアニアはソ連からの独立を宣言し、民主的な国家としての歩みを始め、今日に至っている。

## 五、杉原千畝の生涯とカウナスでの活躍

杉原千畝は、一九〇〇年一月一日、岐阜県加茂郡八百津町出身の杉原好水、やつ夫妻の間に生まれた。その後税務署員であった父の転勤で、岐阜県美濃市、福井県越前市、三重県四日市市と転居を重ねた。岐阜県中津川市・三重県桑名市・名古屋市の小学校で学んだ。一二年に愛知県立第五中学校（現在の瑞陵高校）に入学し、優秀な成績で卒業した。一八年四月に早稲田大学高等師範部（現在の教育学部）英語科に入学した。一九年には外務省留学生試験に合格し、ロシア語留学生として満洲のハルビンでロシア語を学ぶ。ちなみにハルビンは、一九世紀末にロシアによって建設された東清鉄道の中核的な都市であり、ロシア革命後にも多くのロシア人が住んでいた。後に彼は東清鉄道沿線の満州里でもロシア語を学んだ。

二四年に杉原は外務省書記生に採用された。最初は在満州里領事館に勤務し、二五年には在ハルビン

総領事館に移った。三一年に満洲事変が起き三二年に満洲国が日本によって建国されると、満洲国外交部の事務官となる。当時日本は、ソ連が運行する北満鉄道の買収を計画していた。北満鉄道とは、一九世紀末にロシアが満洲に建設した東清鉄道のうち、満洲を東西に横切る本線とハルビンと長春の間の鉄道を指す。日本は自らが支配する領土において、敵対する共産主義国家が列車を走らせるのを黙認できなかった。杉原はロシア語を自在に操る外交官として情報収集に奔走し、ソ連から北満鉄道を買収する交渉で辣腕を発揮した。

三五年、杉原は東京の外務本省での勤務を命じられる。同年に幸子《ゆきこ》と結婚し、三七年八月末に書記官として在フィンランド日本公使館に着任した。フィンランド側に残っている国家警察（公安）関連の史料によれば、杉原はソ連情報を収集するだけでなく駐在国の反共政策にも関心を寄せていた。三九年八月にフィンランドを離任し、リトアニアの首都カウナスに赴任する。旧市街から東へ少し離れた丘の上の閑静な住宅地に領事館を新設し、一人領事として業務を始めた。ただしリトアニアに在留邦人は杉原の家族以外に一人もおらず、日本との経済交流もない。ロシア語の得意な彼がソ連に近いリトアニアに派遣されたのは、領事業務のためではなく、ノモンハン事件（三九年五〜九月）で敵対するソ連の情報を収集するためだった。

杉原記念館（岐阜県八百津町）

第二次大戦の勃発は杉原の役割を一変させた。ポーランド政府は独ソに降伏することを拒み、亡命政権をフランスに樹立する。四〇年六月に

1930年代のカウナス

フランスがドイツの軍門に下ると、政権はイギリスに移転した。国家再興を図るポーランド人たちが、国内のレジスタンスと連絡を取り敵国の動きを探るため、中立国に潜入して情報収集に努めていた。リトアニアでもポーランド軍の情報員が祖国の解放を信じて難民の身分で機密裏に活動している。ヴィルニュスでは、リトアニアへの併合を認めないポーランド人グループが、身分を偽って暗躍していた。難民は悲惨で受動的な立場の人々だという概念が、当時のリトアニアでは一律に受け入れられたわけではない。

　第一次大戦後にポーランドが独立すると、日本は早々に同国の独立を承認し、二一年に外交関係を樹立した。シベリア出兵で赤軍と対峙した日本陸軍は、ポーランド軍が二〇年にロシア赤軍を打倒して領土拡張に成功したのを見て、同国軍と対ソ情報協力を始める。三〇年代に日本とポーランドは、軍事同盟といってよいほど密接な関係を構築していた。そのポーランドが独ソに占領されたとはいえ、すぐに情報協力が潰えることはない。中立国の首都カウナスにおいて、ポーランド情報員は杉原に貴重なソ連情報を提供し続ける。杉原は彼らを日本領事館に匿い、日本のクーリエ（外交伝書使）を利用させるなど、さまざまな便宜を図った。

料金受取人払郵便

松田局承認

788

差出有効期間
2025年
4月15日まで
(切手不要)

郵便はがき

2588790

神奈川県開成町延沢580−1−101

成文社行

ご購入ありがとうございました。このはがきをお送りいただいた皆さまには、新刊のご案内などをさせていただきます。ご記入の上、ご投函下さい。

お名前　フリガナ　　年齢

ご住所　〒

TEL

ご職業

所属団体／グループ名

本書をお買い求めの書店　市区郡町　書店

ご購読の新聞・雑誌名

書　名

●本書についてのご感想や小社へのご希望などをお聞かせください。

●本書をお求めの動機（広告、書評、紹介記事には新聞・雑誌名もお書き添えください）
□店頭で見て　□広告　□書評・紹介記事　□その他
□小社の案内で　（　）（　）（　）

●本書の案内を送ってほしい友人・知人のお名前・ご住所
お名前　フリガナ

ご住所　〒

●書籍注文書●

（書名）　（定価）　（申込数）　冊

（書名）　（定価）　（申込数）　冊

（書名）　（定価）　（申込数）　冊

書籍は代引きで郵送、お届けします（送料無料）。

## 六、日本領事館への難民の来訪と「命のヴィザ」の発給

四〇年七月半ばにソ連占領下のリトアニアで選挙が行われ、共産主義政権が誕生した。もはやソ連に併合されるのは時間の問題だった。リトアニアでも信教の自由が奪われる。難民となってポーランドから逃れてきた信心深いユダヤ人たちは、再び信仰の自由を求めて、安全な国へ亡命しようと試みた。西ポーランドから来た豊かな難民も、資本家を敵視する共産党に迫害されるのを恐れていた。彼らの出国のアイデアを後押ししたのが、やはり難民としてリトアニアに逃れてきた若き法律家ゾラフ・ヴァルハフティクであった。保守的な長老たちが亡命に躊躇する一方で、彼はユダヤ系ポーランド難民のパレスチナへの移住を支援しており、積極的にソ連からの出国を後押しした。しかし三八年七月のユダヤ難民引き受けを討議したエヴィアン会議で、引き受け国が現れなかったため、難民たちは逃亡先を見つけられないでいた。それでも、どうにかして共産化したリトアニアから出国しなければならない。彼らはカウナスに駐在する各国外交代表部に難民受け入れを打診した。トーマス・プレストン英代理公使は、英委任統治下のパレスチナ行きの違法なヴィザを多数発給した。だがトルコ経由での目的地行きの旅程の安全が確保できず、難民のほとんどはパレスチナ行きを断念した。

ゾラフ・ヴァルハフティク
(1906 － 2002)

第10節のヤン・ツヴァルテンデイク・オランダ領事代理は、国外脱出を図る難民に、二二〇〇通ほどの「キュラソー・ヴィザ」を有料で発給した。カリブ海

カウナスの日本領事館、現在は杉原記念館

に浮かぶオランダ植民地キュラソー島に行くにはヴィザが必要ない、と領事が保証する。自身のパスポートあるいは安全通行証に、その文面を領事が記載して、あたかも入国ヴィザのようにみせかけたものだった。その証明書が難民の日本ヴィザ取得に不可欠なものとなる。

四〇年七月二七日朝、日本領事館の周りは難民で埋め尽くされていた。驚いた杉原に対して、ユダヤ人の代表がキュラソー・ヴィザを見せ、中米に行くため日本の通過ヴィザが欲しいと訴えた。必要なヴィザは数千人分だという。オランダ領事代理も杉原に面会し、ユダヤ人たちのリトアニアからの脱出に協力してもらえないかと依頼する。当惑した杉原は東京の外務省に打電した。また同地駐在のソ連領事とも会い、ユダヤ人が日本通過ヴィザを保有していれば、リトアニアからロシア極東までの移動を許可するという言質をとった。ヴィザ発給のネックは東京側にあった。

ソ連側の動きも興味深い。リトアニアを占領した四〇年六月半ば以降、ソ連は併合のための手続きを進めるために、外務人民委員代理（外務次官）のヴラディーミル・G・デカノーゾフをソ連代表として送り込んできた。七月二五日、デカノーゾフはソ連の最高権限を握るモスクワの共産党政治局に電報を打った。ポーランドからリトアニアに逃れてきたユダヤ難民が、パレスチナや米国への出国を求めている。彼らはパスポートあるいは安全通行証を所持し、目的国のヴィザや旅費も保有している。ソ連国内を通過する許可を与えてもよいか、と願い出た。七月二七日、政治局は会議を開き、ユダヤ難民輸送計画を承認し、シベリア経由でのウラジオストクまでの通過許可を発令した。というのはソ連側にとっても難民はできる限り受け入れたくない存在であり、彼らが近日中に併合するリトアニアから自力でソ連邦外に出てくれるのであれば、むしろ諸手を挙げて推進したかったからである。

杉原から電報を受けた東京の本省も対応に苦慮する。日本はドイツのようにユダヤ人を差別していなかったとはいえ、たとえ通過ヴィザであっても、難民数千人を日本に受け入れるなど到底受諾できるものではなかった。もし受け入れた難民が行き場もなく日本国内に滞留すれば、大きな国内問題が発生するからである。東京はヴィザ発給の条件として①最終目的国の入国ヴィザの取得、②日本から目的国までの旅費および日本国内滞在費相当額の所持、を確認するよう杉原に命じた。裏を返せば、キュラソー・ヴィザを目的国の入国ヴィザと認めないと示唆している。

ミール神学校のラビと学生たちの動向を見てみよう。ソ連軍がバルト三国に進駐してきた六月半ば以降、彼らは共産化されるリトアニアからの脱出を模索し始めた。外国語の巧みな神学生をカウナスの各国外交代表部に送り込み、入国ヴィザ取得のための交渉を行わせた。第三国への入国ヴィザがなければ、ソ連当局が出国を認めなかったからである。唯一、条件を満たせば通過ヴィザなら発給できると答えたのが日本領事の杉原だった。彼らはツヴァルテンデイクに手数料を払ってキュラソー・ヴィザを発給してもらい、それが条件①だと主張した。いぶかしがる杉原の首を縦に振らせるため、ヴァルハフティクやオランダ領事代理に説得まで依頼した。だが最大の関門は条件②である。清貧な神学校は四〇〇人分のキュラソーまでの高額な旅費を所持していなかった。

杉原が条件②を承認したとの前提のもと、筆者はその証拠を探して二〇二一年秋に、ニューヨークのジョイント文書館を訪れた。目的は、ジョイントからリトアニアに派遣されたモーゼス・ベッケルマンが、難民のための旅費を工面すると杉原に約束した文書を探すためだった。だがベッケルマンと杉原の面談記録を発見できない。ただしアメリカからの支援金の窓口であるベッケルマンなしには、杉原を納得させられない。それを裏付ける状況証拠を、次節で説明するとおり入手できた。

杉原に日本通過ヴィザを求めた難民には二種類いる。第一は、ドイツによる侵攻直後に西ポーランドから逃れてきた豊かな、あるいは外国から旅費を支援された難民である。七〇〇人から八〇〇人ほどいたのではあるまいか。彼らは条件②を満たしており、多くは第三国の入国ヴィザも有していた。杉原から日本通過ヴィザを受け取り、ソ連側からの通過許可を得たのち、自前でシベリア鉄道のチケットを購入し、ウラジオストク経由で日本に向かうことができた。実際に四〇年一〇月から一一月の間、彼らは敦賀に到着している。

問題は、ソ連占領下の東ポーランドから逃れてきた決して豊かとはいえない第二の難民である。多くがミール神学校を含むユダヤ神学校の教師であるラビとその家族、そして神学生だった。彼らは、「キュラソー・ヴィザ」を手に入れたものの、チケット購入資金を工面できない。杉原もソ連領となったリトアニアを八月末までに退去しなければならず、九月以降のヴィザ発給は不可能となる。米ユダヤ救援資金の受け入れ窓口であるベッケルマンが杉原に購入資金の拠出を確約して、ヴィザ発給を求めたにちがいない。もちろん四〇年夏の時点で条件②を満たしていない難民に、杉原がヴィザを発給する義務はない。しかし信教の自由を認めないスターリンが、敬虔なユダヤ信者をシベリアの強制収容所送りにすることを、ソ連通の彼は熟知していた。

四〇〇名ほどのミール神学校一行は、二五キロ離れたケダイネイから、キュラソー・ヴィザと日本の通過ヴィザを求めて、カウナスまで歩いてきた。カウナスの七月は、日本でいえば東京のすがすがしい秋の日よりであり、しかも緯度が高いため日照時間が長く、夜十時くらいまで明るい。だが日が陰り雨でも降ろうものなら気温が摂氏一五度以下まで下がってしまい、春秋物のコート（日本でいう冬物のコート）が手放せない。カウナスに宿泊場所を持たない彼らは、オランダ領事館でヴィザをもらったのちに、厚手の服装で暖を取り、野宿をしたのであろう。翌朝大挙して日本領事館の前に集まってきた。杉原の妻幸子が著書『六千人の命のビザ』の冒頭で記した七月二七日の朝は、こうして始まった。窓枠を透してみる幸子の目には、「人々は目が血走って、訴えるような目をしていました」と映ったようである。彼らが野宿をして疲れ切っていたため、彼女には悲愴な難民と見えたのではなかろうか。杉原は彼らの代表五名と面談した。彼らは日本通過ヴィザの発給を求め、くわえて手間を省くため。四〇〇名まとめて団体申請をさせてほしいと訴えた。杉原はヴィザ発給の条件を述べ、団体申請への返答を保留した。とりあえず、すぐにはヴィザを発給できないため、彼は難民たちに帰宅を求めた。

共産主義ソ連の内情を熟知する杉原は本省からの杓子定規の返事に困惑した。難民たちの目的はリトアニア出国であり、日本が最終目的地ではない。もちろん長期滞在するつもりもなかろう。キュラソー・ヴィザを入国ヴィザと同等だとみなしてやらなければ、彼らの身に危険が生じる。リトアニアでは厳しい外貨制限があり、難民が多額の外貨を手にすることは不可能だった。難民が日本に向かう途中あるいは日本国内で滞在費を受け取れるのであれば、カウナスで所持金を確認する必要はない。八月中には日本領事館の閉鎖をソ連側から求められており、難民が必要書類をそろえる、あるいは杉原が書類の到着を待つ時間など無いに等しかった。日本から目的国までの旅費がない難民には、ウラジオストクの日本総領事が入国を拒めばよい。政府の従僕として規定通り国家の利益を代弁するのか、本来ならば通過ヴィザを受け取れる難民の権利を優先するのか。ユダヤ難民の窮状も理解した上で、冷徹な官僚に徹することなく彼らの要求を受け入れるべきだとの考えに、良心的な杉原は傾きつつあった。領事の裁量権で団体申請を認めれば、作成する書類の枚数を大幅に減らすことができる。ついに彼はヴィザ手続き開始を決断する。七月二九日に「命のヴィザ」の大量発給を始めた。

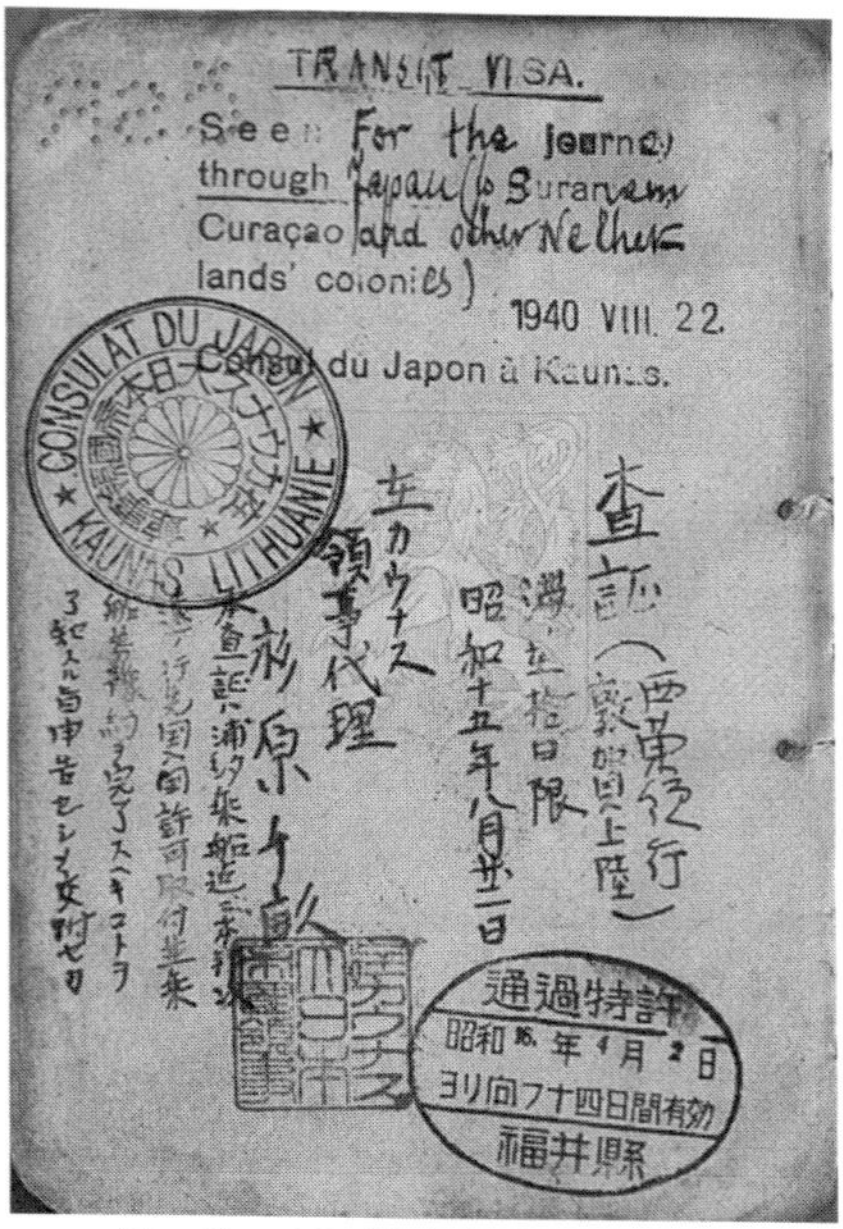

1940年8月22日に杉原が発給した通過ヴィザ

杉原は、当初外務省の発給手続きに則り手数料を受け取って番号付きの発給書類を作成していた。手書きでパスポートまたは安全通行証に通過ヴィザを記入し、丸い館印と四角い領事印を捺して署名している。しかし一日に数十通しか発給できない。発給の知らせを聞いた多数の難民が領事館の周りに集まってくる。これでは到底難民の要望に応えられないのは明白だった。そこで発給書類の作成を簡略化し、手書きに代えてスタンプを用意して、スピードアップを図った。八月後半には東京の本省からの指摘に基づき、杉原は自らの発給した「暫定的通過ヴィザ」だけでは日本に入国できない、とヴィザの末尾に付記している。別途最終目的地のヴィザと同地までの乗船券を準備しないと日本への入国が許可されないと、ヴィザ保有者に警告し、ウラジオストクの総領事に再審査を依頼したことになる。八月末まで杉原はカウナスの領事館で発給業務を続けている。その後市内のメトロポリス・ホテルに移り、九月五日に家族とともにベルリン行きの列車に乗るまで、彼は発給を止めなかった。

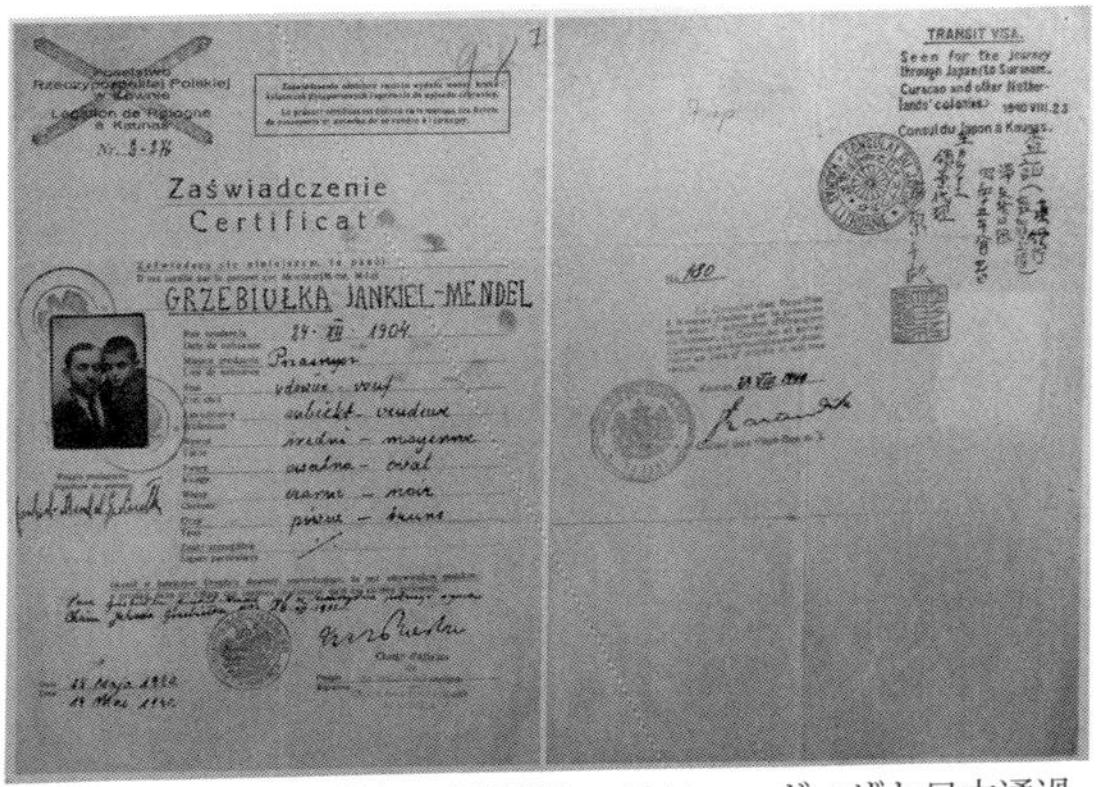

安全通行証の表側（左）、裏側がキュラソー・ヴィザと日本通過ヴィザの偽物（右）。本証を保有していた親子がリトアニア警察に公文書偽造で逮捕された証拠である。

当時の通過ヴィザは、安全通行証に記載された妻や子供にも有効だった。一人一通では発給に時間がかかるため、難民側もにわかに婚姻関係や親子関係を証明する書類を偽造した。すなわち一人の男性が仮の妻や子供と併せて安全通行証を発給してもらい、そこにヴィザを申請したというのだ。四〇年七月末から八月末までの間に双方の努力によって、駐カウナス日本領事館から二千通を超えるヴィザが発給された。難民もしたたかである。スタンプを作成した際に密かに同じものを二つ作って一つを杉原に提供し、一つを隠し持ってヴィザ偽造に役立てたという。丸い領事館印や四角の領事印まで偽造され、多くの日本通過ヴィザが複製された。スタンプや印は難民だけでなく、ポーランド情報員のリトアニア出入国に連出国のための一縷の望みであった。

も利用された。杉原がカウナスを離れた後、まだヴィザを入手していない難民にとって、偽ヴィザはソ連出国のための一縷の望みであった。

### 七、ジョイント、難民への送金で苦心

四〇年八月三日、ソ連はリトアニアを併合した。その直前には同国の共産化に着手している。具体的には、資本主義の手先である地主や資本家を逮捕し、生産手段である土地や工場・商店などを国有化した。商業銀行の業務を停止させて預金を凍結し、一定額以上は没収して国庫に組み入れる。社会で指導的な立場だった政治家・官僚・軍人・宗教指導者などは、強制収容所送りとなる。

ユダヤ難民を支援していたベッケルマンの業務にも支障が生じる。カウナスの中央ユダヤ銀行の貸金庫がソ連当局によって差し押さえられ、ジョイントの預金が引き出せなくなった。アメリカからの電信送金の受け入れ窓口も無くなった。当局は難民支援に後ろ向きで、彼らに国外退去かソ連市民権の取得の二者択一を迫る。窮地に立たされたベッケルマンは、対外資産だとしてジョイントの難民支援用の貸金庫を凍結解除するようリトアニアの現地当局に請求した。一方で、それ以上の同地での支援活動は継続できなくなると想定して、八月一七日に杉原から日本通過ヴィザを入手した。

四〇年夏の国際情勢とソ連の置かれた状況を説明したい。ソ連は三九年八月末の独ソ不可侵協定の秘密議定書に基づきフィンランドに最後通牒を突き付け、同年一一月末に同国へ攻め込んだ。いわゆる冬戦争である。一二月半ば、国際連盟は小国への暴挙だとしてソ連を除名する。米政府はソ連に対して禁輸措置を発動し、金融取引も停止した。四〇年八月にソ連がバルト三国を併合すると、ジョイントは米

の制裁対象に含まれるリトアニアへ送金できなくなる。アメリカからの難民支援の原資が届かなくなり、ベッケルマンは同国からの撤退の瀬戸際に立たされた。

難民の行く末を憂慮するベッケルマンは、簡単にはあきらめない。九月にモスクワへ乗り込み、ローレンス・シュテインハート駐ソ米大使の協力を仰いで、口座凍結解除と難民への送金受け入れをソ連政府に直接申し入れた。当時のソ連は、外国との金融取引をモスクワのゴス・バンク（ソ連中央銀行）に集約しており、アルセーニー・G・ズヴェーレフ財務人民委員が統括している。ソ連側も国際連盟からの除名によって対外貿易が制限され、外貨不足に苦しんでいた。

モーゼス・ベッケルマン（1906-55）

そこにベッケルマンの提案が舞い込んでくる。渡りに船とはこのことであろう。対米関係の改善も視野に入れ、ソ連側は前向きな対応に転じた。具体的には、大人一人一七〇米ドル、子供はその半額のチケット代を支払えば、リトアニアからウラジオストクまでの移動が認められた。当時の一七〇ドルは現在の三四万円ほどの価値がある。物価が低く抑えられたソ連において、きわめて高額な外国人向けの料金が設定された。だが国内通過の許可が当局から下りなければ、ユダヤ難民はリトアニアから出発できない。ちなみにソ連時代に一般の人民は許可なしに国内すら自由に移動できなかった。

一二月一二日、ソ連共産党政治局は、内務人民委員部（内務

省）から提案されたリトアニアにおける難民に関する次の事項を承認した。①リトアニアで難民支援を行っている併合以前からの団体や、ジョイントなどの海外支援団体については、今後その活動をソ連国内で認めない。②目的国の入国ヴィザを保有する難民一九九一名、およびモスクワの目的国大使館でヴィザを入手できる難民は、リトアニアからの出国を認める。③ソ連国籍を求める難民は、申し出を受け入れる。④地主・資本家・士官・警察官などの反ソ的な難民は、中央アジアやロシア北部に移送する。⑤その他の難民にもソ連国籍の受け入れを提案し、パスポートが発給されるまでリトアニアでの滞在を認める。ソ連国籍を拒否した難民はカザフスタンに移送する。

ソ連の最高決定機関である政治局は、リトアニアで出国を心待ちにしていたユダヤ難民約二千名に、ウラジオストクまでの国内通過の許可を与えた。出国しない難民はソ連国籍の取得を強制される。拒否すれば強制収容所送りとなる。難民の中でもポーランド社会で指導的立場だった人々や資本主義の手先は強制収容所に送られ、何年間もの強制労働を科された。最終目的国の入国ヴィザあるいは日本通過ヴィザを保有する難民だけが出国を認められたことになる。

ジョイントは、対ソ金融制裁下でも人道的な送金を認めるよう、ワシントンDCで米政府にロビー活動を仕かける。一一月には限定的ながら、政府から送金の承認を得た。ニューヨークからモスクワまで資金が届けば、難民にチケット購入の道が開ける。ちなみにウラジオストクから敦賀までの旅費は、ニューヨークのヘブライ移民支援協会が、現地旅行社経由でジャパン・ツーリスト・ビューロー（現JTB）に依頼し、日本海汽船に支払った。

ニューヨークでは、秋以降いくつものユダヤ組織が米在住のユダヤ移民四八〇万人に対して、欧州でホロコーストに苦しむユダヤ人のため募金を呼び掛けた。集まったお金を取りまとめて送金するのがジョイントの役割である。ところが決して豊かでない移民が大半であり、彼らが汗水たらして貯めた資金を募金するのは相当な決意が必要である。肉親や親戚、職場の同僚や同じ神学校の友人など、是が非でも助けたい個人やグループでなければ、たとえ窮地に追い込まれた難民が対象だとして、財布の紐をゆるめられなかったにちがいない。それにしても、積極的な募金活動の結果として、相当な金額が集まったことは間違いない。

四〇年一二月まで足止めされていた難民の多くは、超正統派の神学校関係者だった。彼らに送金するため、米カナダ正統派ラビ連合の組織するヴァード＝ハ＝ハザラ（救出委員会）が、熱心な募金活動を展開している。超正統派が中核となる救出委員会は、ジョイントとは別枠で、米政府の規制をかいくぐって直接リトアニアに送金した。現地でアメリカからの資金を統括するベッケルマンは、ソ連当局から退去を求められており、以後難民支援を続けられない。手元にある全額を、できるだけ多くの難民に振り分けられるよう勘案し、インツーリスト（ソ連国営旅行社）に旅費として支払っている。一四〇〇名程度の難民がリトアニアからウラジオストクまでのチケットを手にした。

一二月末から第二の難民グループが極東への旅路を始める。列車でモスクワに行き、シベリア鉄道に乗り換えてウラジオストクに向かう。同地で日本への乗船券を受け取り、日本海汽船の客船で敦賀に到着した。ベッケルマンは、最後の難民グループと共に、カウナスを四一年二月二一日に出発した。二八日にモスクワに着くと、クレムリンにほど近い高級ホテル・ナツィオナーレに宿泊する。三月一一日首都北東部のヤロスラヴリ駅からシベリア鉄道に乗り、二〇日にウラジオストクに着いた。二一日に日本

人道の港敦賀ムゼウム（福井県敦賀市）

海汽船の天草丸で出港し、二三日に敦賀に到着し神戸に向かった。独ソ戦が始まる四一年六月まで、他の難民は別の手段で来日を試みた。

四一年春以降、モスクワの日本大使館で正規の通過ヴィザを入手する、あるいは偽造杉原ヴィザを使って、百名以上のユダヤ難民がウラジオストクにたどり着いた。ただし十分な旅費や有効な最終目的地のヴィザがない者は、日本に入国できず同地に滞留した。三月三〇日に在ウラジオストク総領事代理の根井三郎は、杉原の発給したヴィザでの入国を許可しないと、日本ヴィザの世界での信頼性が揺らぐと主張し、彼らの出国を日本政府に認めさせた。うまく出港できても、偽ヴィザ保有者は、敦賀で入国管理官に偽造を見破られ、上陸を拒否される。しかしウラジオストクに送還された難民も、入国ヴィザがないとして、ソ連側から上陸を拒まれた。船上難民と化した彼らの取り扱いを巡って、船会社が悲鳴を上げる。日本政府も、やむをえず神戸ユダヤ人協会を保証人として、敦賀上陸を許可したはずである。

## 八、難民の来日とその後——結びに代えて

四一年二月以降、千数百名のユダヤ難民がリトアニアから日本に入国してきた。ヴァード＝ハ＝ハザラは、難民受け入れのため若き実業家フランク・ニューマンを日本に派遣した。彼は一月半ば日本に到着して驚いた。神学校関係者の多くは、第三国へのヴィザを入手できず、神戸での滞在は長引き、滞在

費にも事欠くようになった。ところが四〇年春からポーランドではユダヤ人隔離地域「ゲットー」が設けられ、ドイツ支配下の欧州でも夏以降ユダヤ人差別が強化される。ジョイントはヨーロッパへの送金額を増額させざるを得ず、財務が急激に悪化した。神戸に滞在する難民は、十分な支援を受けられず日本での滞在期限が迫り、出国できずに窮地に陥っていた。ニューマンは難民の移転先として上海を提案した。ベッケルマンは四月五日に米客船で上海に向かう。だが上海ユダヤ人協会から新たな難民の受け入れに難色が示された。彼はジョイント本部と対応を協議するため二六日帰国の途についた。

1941年、六甲山に登ったユダヤ難民たち

神戸でユダヤ難民にリンゴを配るプロテスタントの牧師たち

四一年二月以降神戸に着いた難民の中でも運命が分かれる。コネと資金力のある支援者によって第三国の入国ヴィザと渡航費を提供された難民は、新天地に向け早々日本を離れた。ただしキュラソー島に上陸した難民は一人も確認されていない。一方で千名以上が夏になっても神戸で無為な日々を過ごすしか手立てがなかった。同年七月二八日に日本が南部仏印進駐を

始めると、八月一日米政府は対日石油禁輸を発表する。アメリカからの支援金も届かなくなり、神戸ユダヤ協会のメンバーも米に引き揚げた。日本政府は、滞留中の難民一一〇〇名ほどを、八月二日から九月一七日までの間に、四隻の客船を使って、上海へ強制送還させる。当時の上海は、一九三七年の日中戦争以降日本軍に占領されており、ある程度の租界での自治は認められていたものの、日本の軍政当局の管理下に置かれていた。多くの難民は第二次大戦が終わるまで、上海での厳しい生活に耐えなければならなかった。戦後、アメリカ・カナダ・オーストラリア・南米諸国・パレスチナなどに定住先を見つけ、旅立って行った。

リトアニアから日本に逃れた難民は約二二〇〇名にのぼる。三分の一は自力で第三国に向かうことができた。残りの三分の二に、ジョイントやヴァード＝ハ＝ハザラを含む米ユダヤ基金が二七万ドルを拠出した。リトアニアから日本までの旅費と神戸滞在費を合わせて一人二〇〇ドルを超える。杉原千畝の「命のヴィザ」、ベッケルマンの尽力と米ユダヤ基金の救援資金がなければ、難民はリトアニアを出国できず、独ソ戦後のユダヤ人大量虐殺で命を落としたに違いない。

杉原はカウナスからベルリンに戻った後、チェコのプラハ、東プロイセンのケーニヒスベルグ、ルーマニアのブカレストの日本在外公館勤務を続け、最終赴任地で終戦をむかえた。ブカレスト郊外のソ連捕虜収容所に入れられて四七年四月に帰国した。同年六月に人員整理という名目で外務省からの退職を強いられたが、本省の命令を無視してヴィザを発給したという理由かどうかは判然としない。また彼が四〇年八月に自らのポストを賭けてヴィザを発給したかどうかも不明である。とはいえ領事館を閉鎖しなければならないという緊急事態に直面して、領事としての裁量権を最大限に生かして、窮地に陥ったユダヤ人に通過ヴィザを発給した姿勢は、人道主義の見地から高く評価できよう。ところがヴィザ発給時には予想だにされなかった事態が翌年夏に生じた。四一年六月に独ソ戦が勃発し、リトアニアは独占領下に置かれてしまう。ナチスによって、ユダヤ人の大半は殺された。杉原の善意は二千数百名のユダヤ人をスターリンの脅威からだけでなく、結果としてホロコーストからも救った。

杉原は外務省退職後、家族の生活を支えるためにさまざまな職業に就いた。六〇年にロシア語の能力を生かして、日本とソ連の貿易事業を行う川上貿易（現、パーカー川上株式会社）のモスクワ事務所長に就任した。以後も、蝶理や国際交易といった貿易会社のモスクワ支店長を務め、七八年まで仕事を続けた。八六年に永眠している。

エヴィアンのオテル・ロイヤルで開かれた会議で発言する
マイロン・テイラー

リトアニアで難民が立ち往生した原因はエヴィアン会議の失敗に求められる。三八年三月のドイツによるオーストリア併合以降、同国のユダヤ人の多くが国外に逃れようと亡命先を探した。悲惨な彼らを窮地から救いたいという声も世界中に広まった。だがどこの国も不況にあえいでおり、手間や経費がかかる難民を受け入れたくない。その困難な問題を解決するため、フランス南東部のレマン湖南岸にある国際的な保養地エヴィアンで、同年七月に欧米や中南米など三二カ国が集まって難民会議を開いた。呼びかけ人は、数百万人のユダヤ人を抱える米国のフランクリン・ローズベルト大統領である。だが彼は自国の政府高官ではなく、USスチール会長だったマイロン・テイラーを米国代表として派遣した。エヴィアン会議の議長ともなったテイラーは、最初から自国での難民受け入れに及び腰だった。大恐慌の影響で国内に大量の失業者を抱えるアメリカが、難民の受け入れに慎重だった表れである。どの国も難民を受け入れられないという結論が導き出されたのは言うまでもない。その会議でユダヤ人の受け入れを決めていれば、ホロコーストの被害も少なくなったに違いなかった。リトアニアに難民があふれることもなく、杉原がカウナスでヴィザを発給しなくて済んだかもしれない。ホロコーストの原因を究明する際に、ナチスだけにすべての責任を負わせるのでは不十分である。世界が全体として人道主義を徹底させて、難民などの社会的弱者を救済しなければならなかった。

リトアニアの難民に対する貢献にも注目したい。エヴィアン会議に参加したどの国も難民受け入れに後ろ向きだったと同様、リトアニア政府も当初は受け入れに消極的だった。だがヴィルニュス地方が思いがけずソ連から返還され、同地に流れ込んできた大量の難民を自国内で抱え込むことになる。それ以外の難民も国境で追い返すなどできない。対応を迫られたリトアニア政府は受け入れ準備を余儀なくされた。同国の気候は冷涼であり、一〇月ともなれば東京の冬と変わらない。一一月には雪が降り、クリスマスには零下二〇度まで下がる。テントなどの簡易施設では冬を越せない。数万人分の暖房設備の整った住居と燃料を用意しなければならなかった。それだけではなく、冬用の衣服、飢えさせないだけの食料、病気の際の医療、子供たち向けの教育施設も整備する必要に迫られた。だが小国には、それをまかなう十分な資金を手当てできない。そこで国際赤十字や各国のユダヤ機関による資金援助に頼った。さらに難民にパスポートの替りとなる安全通行証を発給して、第三国への亡命を支援する。ユダヤ難民に西ヨーロッパへの逃走路が閉ざされていたため、パレスチナや極東に向かうためソ連領を通過する許可をソ連政府に承認させた。シモナス・ストレルツォーヴァス著『第二次大戦下リトアニアの難民と杉原千畝』によれば、リトアニアの難民に対する貢献なしに、杉原の「命のヴィザ」の物語は成り立たなかった。

イスラエル日本研究の第一人者であるロテム・コーネルは、リトアニアからのユダヤ難民救出劇において、杉原千畝、リトアニア、米ユダヤ基金の三者が貴重な貢献をしたという結論では不十分だと強調する。当時リトアニアに逃れてきたユダヤ人は、他者から施しを受けるだけの悲哀な難民ではない。彼らは危機に瀕した状況の中で、できるかぎりの知恵を絞り、学びと生活の場である神学校を離れ、難民となってリトアニアに行くと決定した。くわえてソ連によるリトアニア併合後には、ソ連からの脱出を最優先して、本来の目的地と違う極東の日本行きを覚悟する。先祖が生まれたパレスチナの地に向かうという悲願を達成するため、幾多の重大な決断を下したユダヤ人こそ、最高に評価すべきだと主張している。苦境に屈しない強靭な精神が脈々とユダヤ人の心の中に根付いていると強調した。

領事としての裁量権を使って「命のヴィザ」を発給した杉原千畝、受け入れた難民を支援する主体となったリトアニア、全米から募金を集めて危機に瀕するユダヤ人を支援するジョイントやヴァード＝ハ＝ハザラを含む米ユダヤ基金、不屈の精神を有するユダヤ難民の四者があってこそ、第二次大戦初期のリトアニアに逃れてきたユダヤ難民は、生き残ることができた。

# 10　キュラソー・ヴィザ――オランダ架空査証による逃亡

**J・P・J・デ＝デッケル**　J.P.J.de Dekker 1884-1948……オランダ

ベルギー生まれのオランダ外交官。ハンブルク、横浜、香港、バンコクなどに駐在。三九年からバルト三国特命公使としてリガに赴任。四〇年八月にオランダ公使館がソ連によって閉鎖されると、本国への帰国を拒否してストックホルムに逃れ、蘭亡命政府の外交官として活動を継続。「有徳の人」未受賞。

**ヤン・ツヴァルテンデイク**　Jan Zwartendijk 1896-1976……オランダ

三八年一二月オランダの誇る電機メーカー・フィリップスのリトアニア駐在員としてカウナス着任。四〇年六月同地領事代理に任命される。八月、占領下の母国へ引き揚げてフィリップスに復職。戦後フィリップスのギリシア事務所長を一〇年間務めた。一九九七年「有徳の人」受賞、顕彰碑。

一九四〇年八月、杉原千畝が、日本の通過ヴィザをリトアニアのカウナスで発給し、多くのユダヤ人を救った。この救出劇におけるユダヤ人の最終目的地は、カリブ海に浮かぶオランダ植民地キュラソー島だった。今日ヨーロッパで人気のリゾート・アイランドであるが、当時彼らの多くは、日本からアメリカや上海に向かっており、現実にキュラソーまでたどり着いたユダヤ人は一人もいない。キュラソーが、ユダヤ人を救うために考え出された便宜的な目的地であったのは明らかである。

この便宜措置がどうやって生み出されたのだろうか。それをひねり出したのが、ラトヴィアのリガに駐在する在バルト三国オランダ特命公使デ＝デッケルであった。話は二か月ほどさかのぼる。ポーランド国籍のユダヤ人と結婚したオランダ女性ペッシア・レヴィンが、カリブ海のオランダ領植民地へのヴィザ発給を求める手紙を、六月下旬にリトアニアのカウナスからデッケルに書いた。彼女は多くの避難民とともに、反ユダヤ主義がはびこるドイツ占領下のポーランドからリトアニアに逃れてきた。だが同月一四日、エストニア・ラトヴィア・リトアニアというバルト三国がソ連に併合された。外国人にはシベリアでの強制労働が待っている、という噂が避難民の間に広がった。母国オランダもナチスの軍門に下っており、帰国などできない。もはや避難民には、オランダ亡命政府の管轄下にあるカリブ海植民地に行くしか危機を逃れる術はなかった。しかし、同じくラトヴィアでソ連政府から帰国を促されていたデッケルにも、彼女を助ける力はなかった。彼は、キュラソーに向かうためオランダ政府がヴィザを発行したことはないと記し、植民地総督から直接許可を得れば入国できると書面で答えた。

愛知県教育委員会提供

　再度レヴィンが便宜を求めると、デッケルは彼女のポーランド・パスポートを送るよう連絡してきた。返却されたパスポートには次のように記されていた。

駐リガ・オランダ王国領事館は、スリナムとキュラソーというアメリカ大陸のオランダ領植民地へ入国する外国人に、ヴィザが不必要であることを宣言する。

（公印、日付）駐バルト三国特命公使

J・P・J・デ＝デッケル（自筆サイン）

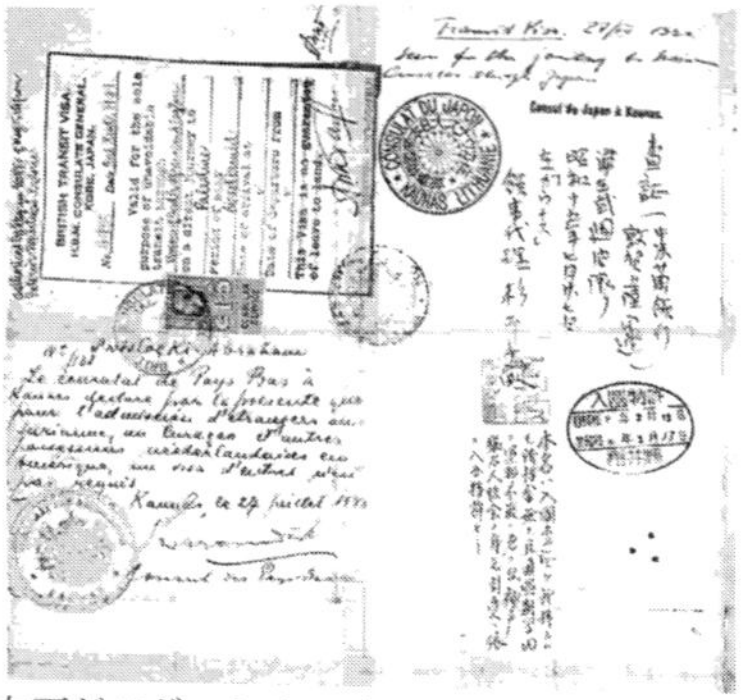

左下がツヴァルテンデイクの発行した「キュラソー・ヴィザ」、右上は杉原の発行した日本通過ヴィザ、ちなみに右下は敦賀に上陸した際の「本名ハ入国査証ヲ所持スルモ所持金無ク且在留期間内ニ退去不能ノ旨ニ付神戸猶太人協会ノ身元引受ニ依リ入国許可セリ」という福井県の入国印。

デッケルは「植民地総督から直接許可をえれば入国できる」という文面を意図的に省いている。一見すればだれもがオランダ領に無条件で入国できると特命公使が保証した、すなわち入国ヴィザかのように見える。七月二二日レヴィンは、いわゆる「キュラソー・ヴィザ」をカウナス駐在オランダ領事代理ヤン・ツヴァルテンデイクに見せ、夫のパスポートにも同じ文言を記入するよう求めた。

カウナスの状況を概観しておこう。ポーランド語ではコヴノと呼ばれ現在はリトアニア第二の都市であるが、当時はヴィルニュス（ヴィルノ）がポーランド領だったため同国の首都だった。市内に有名なユダヤ教の神学校があり、オランダ国籍の多くのユダヤ学生が勉強していた。四〇年五月オランダがドイツに占領されると、当地フィリップス駐在員のツヴァルテンデイクは、本国の混乱で部品が届かなくなり開店休業に追い込まれた。デッケル公使は親独的な在カウナス蘭領事を免職して後任を探しており、ナチ嫌いのツヴァルテンデイクに白羽の矢を立てた。彼が領事代理の役割を引きうけるやいなや、リトアニアにもソ連軍が進駐してきた。同地のオランダ人の運命は彼の双肩にかかってくる。

ツヴァルテンデイクはレヴィンの依頼を受け入れ、夫のパスポートにもキュラソー・ヴィザを転記して、日付とサインを書き入れる。この話が領事代理からオランダ国籍の神学生らに伝わった。彼らはポーランドから逃れてきたユダヤ人を世話しており、不安におののく避難民にも情報を広めた。避難民の指導者ゾラフ・ヴァルハフティクはこの話を聞きつけ、反ユダヤ主義の渦巻くヨーロッパを脱出する数少ないチャンスだと確信した。というのも、アメリカは移民枠を超えるユダヤ人の受け入れを認めておらず、スウェーデンも難民の入国を拒否していたからである。さらにトルコ経由でパレスチナに向かう経路も閉ざされていたことも理由として挙げられる。ヴァルハフティクは同地のソ連代表と会い、キュラソー・ヴィザ所持者に対してソ連通過ヴィザの発給を求めた。ソ連側は、極東での出国先である日本のヴィザがあれば通過ヴィザの発給が可能だと回答する。彼は一縷の光明を得るため、キュラソーがどこかも知らない避難民を説得してオランダ領事館に向かうよう促した。ソ連からの立ち退き期限である八月三日までにツヴァルテンデイクは、避難民や神学生の求めに応じて二二〇〇通ほどのキュラソー・ヴィザを発給している。次に彼らは最終目的地のヴィザを持って日本領事館に押し寄せた。日本領事館の前の通りがみるみるうちにユダヤ人であふれかえる。日本領事館の閉鎖期日も迫っていた。杉原も彼らへの日本通過ヴィザの発給を決断する。

ツヴァルテンデイクは四〇年九月に独占領下のオランダに帰国した時以来、自らのユダヤ人へのヴィザ発給がゲシュタポに発覚するのを恐れて沈黙を守った。戦後も彼の姿勢は変わらず、亡くなる直前の七六年までユダヤ人避難民の運命がどうなったか知らなかった。一九九七年にイスラエル政府から「有徳の人」を受賞している。四〇年八月にデ゠デッケルはラトヴィアからスウェーデンに亡命し、同地でもキュラソー・ヴィザの発給に尽力した。しかしヤド・ヴァシェームの丘に彼の名前を記した木はまだ無い。

# 11 アルトーフ・サーカス、巡業団で匿う

**アドルフ・アルトーフ** Adolf Althoff 1913-98……ドイツ

アルトーフ・サーカス団長の息子。子供のときから巡業を手伝い、象や馬の世話をしながらサーカス団で頭角を現す。兄と姉が父親のサーカス団を引き継ぐと、三九年に独自のサーカス団を設立。同じサーカス団の妻マリアとユダヤ人団員を匿う。九五年妻マリアと共に「有徳の人」受賞、顕彰碑。

一七世紀から続く名門アルトーフ・サーカスは、今日でも綱渡り・曲乗り・ナイフ投げなどで子供たちを魅了し、ピエロの道化芝居で人気を博している。戦前はヒトラーが政権を奪取して以降もドイツ各地で興行を続けた。アドルフはサーカス団長の息子として巡業中の家族用コンテナ・ハウスで生まれ、子供のときから象や馬の世話をするなど家業を手伝っていた。代替わりにあたり兄や姉が父親のサーカス団を引き継ぐと、三九年に彼は九〇名の団員とその家族を連れて独立し、アドルフ・アルトーフ・サーカス団を結成する。第二次大戦が始まっても、ドイツだけでなくヨーロッパ中を巡業していた。

四一年夏、サーカス団が長期滞在していたヘッセン州ダルムシュタットにおいて、ロルフ・サーカス団の「二分の一ユダヤ人」の娘イレーネがアドルフを訪れて、雇ってほしいと訴えた。団長は高名を博したユダヤ系サーカス団が差別を受けて解散させられたのを憂慮しており、ユダヤ人雇用が禁止されているにもかかわらず、一面識もなかったものの快く彼女を団員として受け入れた。偽名を与えられた彼女はすぐに道化役の若者と恋に落ち、結婚はしなかったが二人の子供までもうけた。出産の際にも問題が生じた。二度とも帝王切開だったが、ユダヤ人には禁じられている通常の医療行為が受けられるよう、

アドルフと妻マリアは苦労して手はずを整えてやった。

　四三年春、ダルムシュタットでユダヤ人の一斉摘発があり、イレーネの実家は家財を没収されて祖母は絶滅収容所に送られた。母と妹は間一髪で逮捕を免れたが隠れる場所が見つからない。イレーネの内縁の夫はアドルフに頼んで二人をサーカス団に匿ってもらった。一歩間違えば大けがをする空中ブランコなど、全幅の信頼関係なしには演技できない。アドルフがイレーネたちを匿っていることは周知の事実だったが、鉄のきずなで結ばれた団員たちだからこそ密告者はいなかった。しかし新しい町で興行を始めるときには、必ずゲシュタポが目を光らせている。大きなテントを建てる際に素性もわからない労働者を雇うこともある。一度は噂を嗅ぎつけられてゲシュタポが査察に訪れた。アドルフは妻のマリアと協力してとっておきの酒を係官に飲ませ、その間に彼女たちを安全な場所に隠れさせた。酔っぱらうまで酒をふるまうと、配給では手に入らない土産を手渡して早々にお引き取りを願う。

　ユダヤ女性三名は戦争が終わるまで、トラブルに巻き込まれることもなく無事に生き残ることができた。後年アドルフは、団員の家族をサーカス内で匿うのになんの躊躇もなかった、と語っている。

象使いのマリア・アルトーフ

# 12 独空軍倉庫係の隠れ家

**ジャーニス・リプケ** Žanis Lipke 1900-87 …… **ラトヴィア**

リガの南西四五キロの町イェルガヴァ生。学歴はないがロシア語やドイツ語を自由に操る。第一次大戦中は対独塹壕掘りに動員され、一八年のラトヴィア独立後は沖仲仕・バス運転手・運送屋として働く。独占領中にユダヤ人を自宅の倉庫に匿う。一九六六年妻ヨハンナと共に「有徳の人」受賞、植樹。

ダウガヴァ川の河口から一五キロほど南に下がった右岸に、バルト三国最大の都市リガが鎮座する。バルト海の要衝として一三世紀のハンザ同盟時代から栄え、夏にはクルーズ船が旧市街に停泊して観光客があふれる。ところが市街の北側の橋を歩いて左岸の中洲キープサラに降り立つと、旧市街の教会の尖塔は間近に見えるものの、都会の喧騒は鳴りを潜めて静寂が支配する。戦後に橋ができるまでは対岸への渡し船以外に交通手段はなく、中洲の村人が細々と暮らしているだけだった。昔ながらの細い小径を歩いていくと、入り口も不明な漆黒のリプケ博物館にたどり着く。ドイツ占領下の一九四一年から四四年まで、その地でジャーニス・リプケと協力者たちが、五四名のユダヤ人を匿った。

独ソ戦が始まって間もない一九四一年七月初め、ラトヴィアはドイツ軍に占領された。四〇年七月に独立を奪われ人民共和国の一つとしてソ連に無理やり併合されてから、一年もたっていなかった。人々はドイツを解放軍として歓迎し、再び独立が取り戻せると期待していた。ところがドイツ側はバルト三国を自国民の入植地としか考えておらず、占領後は独立を認めずユダヤ人に対するホロコーストを始めた。リガ市南部にゲットーを作り、狭い地区に三万人ものユダヤ人を強制的に移住させた。四一年一一月末から一二月初めにかけて、強制労働の従事者を除いた九割のユダヤ人が郊外の森に連れ出され、そこで処分されている。

　ジャーニス・リプケは、二〇年代に沖仲仕や港湾労働者として働いていたが、商才があり三〇年代になると貯めたお金でミニバスを買い、リガと近隣の町との間を運行して稼ぐようになった。四〇年八月にラトヴィアがソ連に併合されたのちはリガ市場と港や田舎を結ぶ運送業を営んでいた。四一年七月にリガが独軍に占領されると、すぐに独空軍の防空司令部が設置された。ドイツ語ができるリプケは空軍倉庫の管理係の仕事を見つけた。彼の仕事は、リガの周辺に高射砲陣地を造る際のさまざまな資材の出し入れをチェックして、強制労働させられるユダヤ人を作業現場とゲットーの間で送り迎えすることだった。ゲットーには市場で商売を営んでいたユダヤ人の知り合い家族が何組も押し込められていた。リプケは、知り合いに頼まれて、彼らの財産を秘密裏にキープサラの自宅にある大きな倉庫に預かり、必要な食料や日用品を調達してやった。それだけでなく、強制労働の帰りに出入記録を操作してユダヤ人をゲットーから逃し、ラトヴィア人協力者と共に彼らを市内の隠れ家に匿った。しかし徐々に警察による摘発が厳しくなり、市内に匿うのが難しくなる。彼はキープサラの倉庫に秘密の地下室を作り、彼らをそこに匿った。協力者のネットワークを駆使して田舎の安全な隠れ家を見つけると、彼らをそこまで逃してやった。ラトヴィアが赤軍によって再占領（ソ連側から見れば解放）される四四年夏までに、リプケらは十家族以上を助けることができた。

リガ市のダウガヴァ川対岸キープサラにあるリプケ博物館

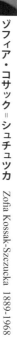

# 13 ジェゴタ——子供たちをワルシャワ・ゲットーから救い出せ

**ゾフィア・コサック＝シュチュツカ** Zofia Kossak-Szczucka 1889-1968 ……… **ポーランド**

ルブリン近郊生。作家として活躍。三九年ワルシャワに引っ越し、カトリック活動家として地下運動に参加。ジェゴタの創設者の一人。四三年ゲシュタポに逮捕され、ワルシャワのパヴャーク刑務所に収監。アウシュヴィッツに移送されるも生還。八二年「有徳の人」受賞、顕彰碑。

**ヴァンダ・クラヘルスカ＝フィリポヴィチョヴァ** Wanda Krahelska-Filipowiczowa 1886-1968 … **ポーランド**

ミンスク近郊生。一九〇六年ポーランド社会党員としてワルシャワ総督暗殺計画に参画。クラクフ大学で美学専攻。独占領下でジェゴタの創設者の一人。カトリック活動家としてユダヤ人救出に尽力。戦間期・戦後にポーランド美術界に貢献。六七年「有徳の人」受賞、顕彰碑。

**ユリアン・グロベルヌィ** Julian Grobelny 1893-1944 ……… **ポーランド**

ウッジ近郊生。ポーランド社会党武装組織の一員として独立戦争に従事。戦間期はウッジ市社会福祉局課長として勤務。独占領後は地下に潜り、ジェゴタ議長として活躍。一九四四年春に逮捕されるも逃亡。同年末に結核で逝去。一九八七年妻ハリナと共に「有徳の人」受賞、顕彰碑。

**イレナ・センドレロヴァ** Irena Sendlerowa 1910-2008 ……… **ポーランド**

ワルシャワ生、ワルシャワ大学文学部・ワルシャワ自由大学で社会的弱者救済について学ぶ。三五年ワルシャワ市社会福祉局ソーシャル・ワーカー。第二次大戦中、ワルシャワ・ゲットーからユダヤ人の子供の救出に尽力。六五年「有徳の人」受賞、植樹。二〇〇七年ノーベル平和賞候補。

一九四〇年一〇月、ドイツの占領地における反ユダヤ政策に基づき、ワルシャワにユダヤ人居住地区「ゲットー」が設営された。同市在住の四五万人ものユダヤ人が壁で囲まれた狭い地区に押し込められ、自由な出入りが禁じられた。同地区では、劣悪な住宅・食糧事情のため、飢えと疫病が蔓延し、多くのユダヤ人が命を落とした。四二年一月、ナチスによるユダヤ人大量虐殺が決定されると、七月に三〇万人がゲットーからトレブリンカ絶滅収容所に移送されて殺害された。四三年四月にはユダヤ人戦闘組織が中心となって蜂起が起こされたが、ドイツ軍によって徹底的に弾圧されてゲットーも解体された。

ワルシャワ・ゲットーの悲劇が黙って見過ごされたわけではない。飢えと病気に苦しみ、ついには家畜輸送用の貨車に詰め込まれて移送されていくユダヤ人を目の当たりにして、カトリックを信奉する知識人や活動家が異教徒の救援に立ち上がった。ユダヤ人に手を差し伸べず沈黙を貫くカトリック信徒はドイツの共犯者だと非難するビラを、四二年七月ゾフィア・コサック＝シュチュツカは配っている。同年九月末、コサックとヴァンダ・クラヘルスカ＝フィリポヴィチョヴァのイニシアチブによって、カトリックとユダヤ教のさまざまな組織が集まり、臨時ユダヤ人救援委員会が創設される。同年一二月初めにはロンドンのポーランド亡命政権や地下に隠れる国内政府代表部の協力も得て、ジェゴタ（ユダヤ人援助評議会）が正式に発足した。議長には、ポーランド社会党員として独立に貢献し、独占領後も抵抗運動に従事していたユリアン・グロベルヌィが就任する。四三年五月にゲットーが完全に解体されるまで、ジェゴタの活動は続けられた。

ジェゴタの主な活動は次の五つである。第一に隠れ家の提供である。ゲットーから逃れてきたユダヤ人に隠れ家を用意する。潜伏者を長期にわたって匿うため、食料を調達し、生活ゴミを処理し、衛生を管理しなければならない。人目をかいくぐるため、アパートや農家を改造して隠れ場所を増やし、受け入れ許容量を拡大する。病人がでた場合、協力組織の医者や看護婦を呼んで診察をして薬を処方してもらう。第二に資金の調達だった。ユダヤ人を長期に匿うには、それなりの生活資金が必要となる。亡命政府からの資金が国内政府代表部を通じてジェゴタに送金され、支援者に支払われた。第三に子供の救出である。ゲットーの劣悪な環境の中で、親は子供だけでも救おうと必死だった。有志がジェゴタに参画して救いの手を差し伸べる。子供救出部門の長を務めたのが市の社会福祉局勤務のイレナ・センドレロヴァだった。彼女は疫病などが流行しないようユダヤ人の衛生状態を調べるという名目で、定期的にゲットーを訪れることができた。行きには荷馬車で食料や医薬品を運び込み、帰りにはゴミ箱や棺の中に子供を隠しながら出て来る。子供を市内や郊外の協力者の家に匿い、病院・学校・修道院・孤児院などで受け入れてもらう交渉も続けた。第四が偽造証明書の作成と提供である。ユダヤ人がゲットーの外側で疑われずに生きていくためには、ドイツ占領当局が発行した写真と指紋付の身分証明書を絶えず所持していなければならない。偽の出生証明をカトリック教会関係者に発行してもらい、それを持って占領当局から本物の身分証明書を発給させる。あるいは国内代表部の偽造印刷グループに依頼して、偽の身分証明書を発行してもらった。最後が脅迫者対策である。占領当局はユダヤ人を匿った人物にも死刑を宣告した。密告も奨励しており、密告者には高額な報奨金を支払っていた。占領下のワルシャワでは物資が不足して配給が行われており、一般のポーランド人にとっても生活は容易でない。すさんだ状況の中で潜伏したユダヤ人を付け狙い、支援者を脅迫する非道なポーランド人が存在した。グロベルヌィが中心となってジェゴタは、ユダヤ人を占領当局に売り渡し、支援者を強請る者に対して断固たる態度をとることを決めた。四三年三月には国内代表部の治安部門が脅迫者一五名を処刑している。

ジェゴタの活動は危険と隣り合わせだった。四三年一〇月、支援者の一人が逮捕され、拷問されて自白を強いられ、センドレロヴァの名前を挙げてしまった。深夜ゲシュタポが自宅に踏み込んで彼女を逮捕し、刑務所に収監して拷問して自白を強要する。拷問には耐えたが、四四年一月に死刑を宣告された。だがジェゴタが死刑執行人の買収に成功したため、彼女はすんでのところで刑場から解放された。四四年三月にはグロベルヌィも密告されて投獄されるも、結核を患っていたため病院送りとなり、解放された。しかしジェゴタの多くの支援者が逮捕されて刑場の露と消えたことを忘れてはならない。

ワルシャワ郊外の聖母マリア・フランシスコ修道会と併設の孤児院：ここでユダヤ人の子供たちが匿われた。

ワルシャワ郊外の修道会の庭：ここで孤児たちが遊んだ。

センドレロヴァが直接手を差し伸べた子供は二五〇〇人に及ぶ。もちろん彼女一人の功績ではなく、ジェゴタのメンバーと各地に散らばる農家・修道会・孤児院などが救出にかかわった。四三年五月にワルシャワ・ゲットーが解体されて活動を休止するまでの間に、ジェゴタが救ったユダヤ人は総計で四〇〇〇名を下らない。

# 14　東ガリツィアで石油会社従業員を救った若き経営者

**ベルトールド・バイツ**　Berthold Beitz　1913-2013 ……………… **ドイツ**

旧独東ポメラニア地方ツェンミン生。ロイヤル・ダッチ・シェル石油会社に採用。独ソ戦直後、東ガリツィアの石油会社の経営を任されユダヤ人従業員をホロコーストから救出。戦後イドゥナ保険会社社長。クルップCEO。国際オリンピック委員会副会長。ティッセン・クルップ合併に尽力。七三年「有徳の人」受賞、植樹。

一九一三年にベルトールド・バイツは、東ポメラニア地方ツェンミン（現在、ポーランド北西部ポモージェ県チェミノ村、ポズナニの北一五〇キロに位置する）で生まれた。高校卒業後に出身地の近くで銀行員の職を得る。第二次大戦勃発直前の三九年春、ハンブルクにあるロイヤル・ダッチ・シェルへの転職が彼の運命を変えた。若干二七歳のバイツは妻と生まれたばかりの娘を連れて、四一年七月に東ガリツィアのボリスウァフ（ボリスラフ、現ウクライナ西部リヴォフの南西）に派遣される。この町は、戦略物資である石油が採掘されるヨーロッパでも数少ない場所だったからである。ドイツは戦争遂行に不可欠な燃料を安定的に供給できるよう、石油会社の経営手腕を有する若者に同町のベスキーデ（後にカルパチアと社名変更）石油会社を委ねた。

カルパチア山麓に位置するボリスウァフでは二〇世紀初頭には石油掘削用リグが千本ほど建ち並び、ロウソクや封蝋に用いられる地蝋（オゾケライト）も採掘された。三万人ほどの住民の三分の一以上はユダヤ人であり、石油会社の技術者や労働者、商人、医者、職人とその家族らがつつましく暮らしていた。子供たちはユダヤ教の学校に通い、同地に住むカトリック教徒や正教徒と争うこともない。ボリスウァフは二〇年のソヴィエト・ポーランド戦争によってポーランド領となり、三九年九月にポーランドが独ソに分割されるとソ連に併合された。四一年六月のバルバロッサ作戦で前線の赤軍部隊が総崩れとなると、七月初旬に同地へ独親衛隊の行動隊《アインザッツコマンド》が進駐してきた。混乱の中で同地の反ユダヤ主義グループがドイツ人に煽動されてユダヤ人の虐殺に手を染めた。数百名が街中で撲殺され、残りのユダヤ人にも脅威が迫った。強制労働に不適と見なされた者は、街外れの林の中に連れて行かれ銃殺された。バイツはこうした混沌とした情勢の中に身を置くことになる。

第二次大戦前のボリスウァフの油井

石油採掘現場では多くのユダヤ人が働いていた。リグの設計を担う設計技師、石油の品質をチェックする化学技術者、リグの建設や故障箇所の修理に携わる熟練労働者など、安定的な石油供給に欠かすことができない人材である。石油会社はポグロムから守るため、ユダヤ人労働収容所を造って彼らを家族ごと住まわせた。さらに移動中の行動隊による強制連行を防ぐため、彼らの胸には軍需産業労働者を意味する「R」のバッジを付けさせた。それでも四二年八月には、ボリスウァフでもユダヤ人の絶滅収容所送りが始まり、カルパチア石油会社の従業員かどうか関係なしに一千名の移送者リストが作成され、彼らは駅舎の前に集合させられた。

この知らせを受けたバイツはすぐさま駅に向かい、従業員とその家族を選び出して会社の熟練労働者だと主張し、親衛隊に解放を迫った。担当の行動隊員は二〇〇名の解放を認めている。同年一〇月にも再度親衛隊は無差別に数百名のユダヤ人を逮捕して、死への移送に着手した。またもやバイツは駅前に行き、二五〇名もの多数を労働収容所に連れて帰った。

こうしたバイツの行為は単に石油の生産性を維持するためであり、人道主義的な観点からなされたわけではないと批判された。それに対して彼に救出された人々は後に次のように反論している。すなわち、バイツが救ったのは本当の熟練労働者だけでなく、高齢や怪我で十分に働けない人々も含まれており、中には床屋や庭師もいた。彼は自らのポストを失う危険も顧みず、できるだけ多くのユダヤ人を救おうと尽力したというのだ。労働収容所近くで行動隊員が無差別に虐殺を始めると、彼は危険な収容施設のユダヤ人を自宅に招き入れて匿い、妻エルザが清潔なシーツと枕・毛布を用意して、ベッドに寝かしてくれたと、他の生存者は語っている。バイツ自身も、行動隊員が目の前で母親から引き離した乳飲み子を撃ち殺すのに直面し、子供を育てている親としてユダヤ人に手を差しのべなければならなかったと述懐している。彼とその妻が、ナチス体制を支える経営者という枠を越えて、親衛隊の蛮行を黙視できなかったのは疑いない。

繰り返されるバイツの善行が、ゲシュタポ（秘密国家警察）の目に止まった。共産主義者と手を結びドイツ国家転覆を狙うユダヤ人に手を貸すのは、国家反逆罪に値する。四三年初頭ゲシュタポは偽造されたアーリア人証明書を持つユダヤ人抵抗組織の女性二人を、ハンガリー行きの列車の中で逮捕した。彼女たちの証明書がバイツのオフィスから盗まれたものだったため、彼はゲシュタポの監視下に置かれることになった。ただし幸運にも嫌疑不十分という理由で、バイツは逮捕されることもなく、四四年まで同じ職にとどまった。同年三月、赤軍の攻勢にさらされて独軍は東ガリツィアから撤退することになり、彼も職を解かれて国防軍に徴兵される。ユダヤ人労働者たちは各地の収容所に送られ、移送先の情況いかんで生死が分けられた。

妻エルザ、娘バルバラとの家族写真

戦争を生き抜いたバイツは、占領下の西独で経営者としての頭角をあらわし、ボーナスや能力給の導入など斬新な経営手法を取り入れて、イドゥナ保険会社の社長となった。鉄鋼会社からはじまり独軍需産業の代表として発展を遂げたクルップ社は、敗戦で壊滅的な打撃を受け、戦後は組合の権限強化に労働者があぐらをかいたことも相まって、経営復活に悪戦苦闘していた。戦犯として逮捕された当主の五代目アルフレート・クルップは、五三年に企業の再建をバイツに託した。彼は期待に応えて会長としてクルップ社を欧州でも屈指の重工業会社に育て上げ、ドイツの戦後復興に貢献した。九九年には鉄鋼大手のティッセン社との合併を成し遂げ、ティッセン・クルップ社の名誉会長に選ばれる。経営者という側面だけでなく、国際オリンピック委員会の副会長も務め、ルール工業地帯を重工業一辺倒からポスト・モダンの文化発信地に変貌させようと尽力した。バイツは七三年に「有徳の人」を受賞し、妻のエルザも二〇〇六年に受賞している。

# 15　二万人のユダヤ人に追放除外証明書を発行した市長

**トゥライアン・ポポヴィチ**　Traian Popovici　1896-1946 ………… **ルーマニア**

ルーマニア正教司祭の息子として生まれる。チェルニウツィ（現在はウクライナ領）大学で法学博士号を取得。第一次大戦後同地はルーマニア領、そこで弁護士。四二年まで同市の市長を務めユダヤ人を助ける。一九六九年「有徳の人」受賞、植樹。

ドニエストル川とカルパチア山脈にはさまれたウクライナとルーマニアにまたがる地域は、古くからブコヴィナと呼ばれてきた。この地域の中心都市チェルニウツィ（現在ウクライナ領、独語でチェルノヴィッツ、ルーマニア語でチェルナウツィ）は、オーストリア・ハンガリー帝国時代には多くのユダヤ人が住みつき、経済と文化の中心として栄えた。第一次大戦後はルーマニア領となるが、四〇年六月末にチェルニウツィを含む北ブコヴィナが、ベッサラビアと共に独ソ不可侵条約に基づきソ連によって併合された。四一年六月独ソ戦が始まるとルーマニアも枢軸側としてソ連へ侵攻し、両地域を再び同国の占領下においた。そこで悲劇が起きる。独裁者のイオン・アントネスク首相に命じられた愛国主義グループ鉄衛団が、七月に両地域のユダヤ人をソ連に寝返った敵とみなして大量に虐殺した。

トゥライアン・ポポヴィチはブコヴィナで生まれ育ったルーマニア人である。二重帝国支配下のチェルノヴィッツ大学で法学を学んで博士号を取得し、戦間期はルーマニア支配下のチェルナウツィで弁護士を務めていた。四〇年六月に同市がソ連に併合されると、難を逃れて首都ブカレストに移り住んだ。四一年七月、彼はチェルナウツィ市長に任命されて、ルーマニア軍に占領された同市に舞い戻る。そこで目の当たりにしたのは、ホロコーストの嵐だった。シナゴーグは放火され、ユダヤ人は差別を受けていた。

市長はユダヤ人から陳情を受け、軍政当局に対して差別を止めさせようと孤軍奮闘する。しかしブコヴィナ総督は、一〇月にユダヤ人をトランスニストリア（ドニエストル川と南ブーフ川の間のルーマニア占領地）に追放することを決めた。ポポヴィチは、ユダヤ人を追放するとブコヴィナの経済に悪影響が生じるとアントネスクに訴えて、専門的な技術や技能を有する人々・年金生活者・退役軍人などを追放しない許可を得た。市長は許可を拡大解釈して四日間で家族や一般の人々も含めた二万人分のリストを作り、それに基づき追放除外証明書を発給して、彼らを引き続きチェルナウツィにとどまらせた。くわえて危険を冒してまで自分の家に多くのユダヤ人を匿った。一一月半ばまでに二万八千人が強制的にトランスニストリアに移送され、半数が命を落としている。証明書を持つ市内在住者一万九千人は終戦まで無事に生活できた。

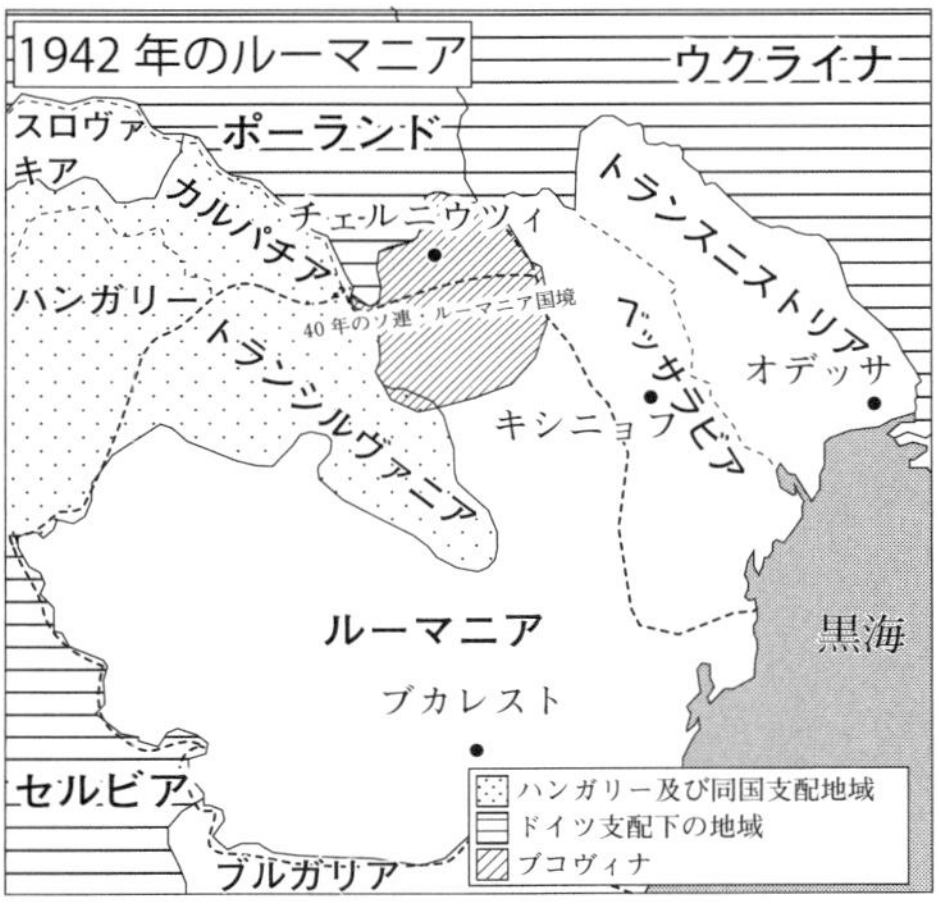


総督は許可範囲を超えて証明書が発給されたことを知り、四二年二月に新たな追放者リストの作成をポポヴィチに命ずる。彼が反対の姿勢を貫くと、アントネスクに諮《はか》って市長を解職した。六月には五千名が追放されて、その多くが不帰の客となった。四四年八月にクーデタによってアントネスク政権が打倒され、連合国との講和が成立するまで、ルーマニアでのホロコーストは続いた。

# 16 世界にホロコーストの実態を伝えた男

**ヤン・カルスキ**　Jan Karski 1914-2000 ……… **ポーランド**

本名ヤン・コジェレフスキ、ポーランド中部ウッチ生まれ。ルヴフ(現在ウクライナのリヴィウ)大学卒業、外務省に勤務。三九年九月に招集されて捕虜となるも、独収容所から脱走。ポーランド亡命政府の密使となる。戦後は米国籍を取得してジョージタウン大学教授。一九八二年「有徳の人」受賞、植樹。

クロード・ランズマン監督の映画「ショア」に登場したカルスキは、悲痛な顔で自らの体験を語っている。四二年八月、ナチスが極秘のうちにすすめているホロコーストを英米の政治指導者に伝えることをユダヤ人指導者に求められ、彼はワルシャワ・ゲットーに潜入した。服を剥ぎ取られて路上に放置される死体、尊厳を奪い取られて死にゆく人々、乳の出ない乳房に吸い付く赤子たち、笑いながら平然とユダヤ人を撃ち殺す親衛隊員、当時の惨劇を思い出す際に彼はカメラの前でもがき苦しんだ。

カルスキは、ルヴフ大学卒業後に予備士官学校に入って首席で卒業した。外務省に入省し、エリート養成課程でも頭角を現している。ドイツの脅威の迫る三九年八月末、予備士官として招集されて南部オシフィエンチム（ドイツ名アウシュヴィッツ）の部隊に着任した。三九年九月一日にドイツ軍のポーランド侵攻が始まると、部隊はなす術もなく後退を続け、彼も九月一七日に東部へ侵入したソ連軍の捕虜となった。士官は捕虜交換の対象ではなかったが、身分を偽り捕虜交換によって独軍に引き渡された。占領地の独軍収容所に収監され、移送途中で脱走に成功した。ワルシャワに戻るとレジスタンス活動に参加し、国内組織と亡命政権の橋渡しをする役目を託される。四〇年二月に偽造パスポートを持って南ポーランドからルーマニア経由でパリに向かった。在仏亡命政権の首班ヴワディスワフ・シコルスキと会い、独占領軍と戦う強固な組織を構築せよという指令を暗記して春に帰国した。六月に再び密使としてパリに向かう途中、スロヴァキアでゲシュタポに逮捕されて拷問を受ける。自殺を図るも失敗してポーランド南部で治療を受けていたときに、レジスタンスに救出されて再び地下活動に従事した。

当時のポーランドの状況を確認しておこう。三九年九月同国はドイツとソ連により分割された。西部は独直轄領となり、中部はポーランド総督によって統治され、東部はソ連に併合された。ソ連占領地域では、四〇年四月のカティンの森事件でポーランド士官二万人以上が射殺され、四一年までには抵抗組織が大量検挙と収容所送りで壊滅させられた。独占領地ではさらに厳しい。ユダヤ人やロマ人以外でも、ポーランド社会の指導的立場にあった政治家・官僚・聖職者・学者などが理由なしに逮捕されて収容所に送られた。一般人に対してもドイツへの協力を強要し、農産物の多くを収奪した。独統治への反発から起こる怠業・ストライキ・農産物の隠蔽・地下新聞の発行などに対しては、ゲシュタポが容疑者と見なすと即座に逮捕して、女性への性的暴行も含め酸鼻を極める拷問を行って、自供を迫る。犯行が確定すれば裁判なしに即座に銃殺あるいは強制収容所送りとなる。武装蜂起・暗殺・工場や交通手段の破壊活動などドイツ統治機構への攻撃に対しては過酷な連座制を適用した。すなわち発生場所付近に住むレジスタンスとは無縁な住民が、一〇人に一人ずつ選び出されて銃殺された。収容所でも一人脱走すると無関係な一〇人が選ばれ飢え死にの刑に処せられる。長崎での熱心な布教活動で有名なマクシミリアン・コルベ神父も、家族持ちの男性の身代わりとなってアウシュヴィッツの露と消えた。

独占領直後から各地で抵抗運動が起こされた。だが別個の活動では早晩ゲシュタポに嗅ぎつけられて壊滅させられる。そこで四〇年半ば以降、総督領ではレジスタンスの組織化が進められた。議会・行政・軍事組織を有する「秘密国家」が構築された。亡命政府と密接な協力の下で国内軍を組織して秘密裏に武器や爆弾を入手し、若者を訓練してゲリラ攻撃を行う。パスポートや労働許可証を偽造し、逮捕者が出ても組織全体が摘発されないシステムを築き上げ、対独協力者に死刑を宣告できるほどの組織力を誇った。多くの一般市民の命を奪う連座制にもひるまず、対独レジスタンスの完遂が確認された。カルスキは得意の語学を生かして外国語放送を聞いてレポートにまとめ、地下新聞の発行にもかかわった。

カルスキは地下国家の戦略的な部署に在籍していたため、亡命政府と英米両国に秘密国家と国内軍へのさらなる協力を求める密使として、ロンドンに派遣されることになった。四二年九月、彼は地下国家の国会に呼び出されて、マイクロフィルム化されたポーランド国内状況とレジスタンス活動に関する膨大な書類を託された。国内でのドイツによる蛮行、それに対する断固たる抵抗運動の記録を正確に連合国側に伝えるよう要請された。一〇月初めマイクロフィルムをカバンに隠し込み、ワルシャワからベルリン・パリ経由でスペインに行き、ジブラルタルから飛行機で亡命政権のあるイギリスに向かった。

冒頭のゲットー潜入は国会呼び出し前の八月末である。カルスキは、ユダヤ系市民の共同体総体にかかわる問題としてシオニスト団体とユダヤ人労働者総同盟の各代表と面会し、ゲットーの実情を連合国に伝えるよう要請された。ボロを身にまとい秘密の入り口からゲットー内に入ると、惨状が目に飛び込んできた。代表たちは、ゲットーから毎日数千人が絶滅収容所に移送されていると説明し、ドイツはユダヤ人の根絶を遂行していると訴えた。連合国に対してユダヤ人救援を早急に行うよう懇請し、ユダヤ人側もゲットーでの蜂起をにおわせた。彼は絶滅収容所の地獄を見るよう求められて、看守に変装して東部のイズビツァ・ルベルスカ収容所にも潜り込む。想像を絶する虐待と殺戮をまぶたに焼きつけた。

一一月二五日カルスキはロンドンに到着した。亡命政権にマイクロフィルムを手渡し、シコルスキ首相と面会して秘密国家の決意と要望を伝えた。それからアンソニー・イーデン外相を含めたイギリスの政治指導者たちと会い、ポーランドの実情を語った。連合国戦争犯罪捜査委員会では、ワルシャワ・ゲットーと絶滅収容所での目撃談を証言している。シコルスキに求められ、四三年六月には連合国の頼みの綱ともいえるアメリカに渡る。そこでも講演や会談がセットされ、演説、展示会、集会などに駆け回った。圧巻は同年七月末のフランクリン・ルーズベルト大統領との会談である。

四三年九月、カルスキはロンドンに戻ってきた。しかし英米での活動によって正体が発覚してしまい、ワルシャワ帰還への望みを絶たれた。四四年二月には再び渡米して、ニューヨークのホテルで『ある秘密国家の物語』を書き上げた。同年一一月末に出版されると四〇万部も売り上げるベストセラーとなり何か国語にも翻訳される。だがすでにソ連占領下のポーランドでは秘密国家の指導者が逮捕され、亡命政府も代表権を失いつつあった。祖国のユダヤ人は根絶やしにされた。終戦後も帰国はかなわず、ジョージタウン大学で教職を得るも、絶望から三〇年以上も過去を語ることがなかった。一人のユダヤ人も直接助けていないとはいえ、ドイツがひた隠しにしていたホロコーストを世界に暴露したという意味で彼の功績はきわめて大きい。

ワシントンDCのジョージタウン大学キャンパスにあるカルスキ像。ビル・クリントン米元大統領もカルスキの下で学んだ。

# 17 ナンシーで検挙情報を漏らした七人の刑事《デカ》

**エドゥアール・ヴィネロン** Édouard Vigneron 1896-1972 …………**フランス**

ナンシー生まれ。第一次大戦に従軍した後も、一七年から五年間軍籍を継続。二二年ナンシー警察署の警察官に採用。四〇年に同警察署外事課長。四二年七月ユダヤ人に検挙情報漏洩、偽造身分証発給。八月情報漏洩罪で逮捕、投獄。翌年文書偽造で再逮捕。戦後名誉回復。八二年「有徳の人」受賞、植樹。

一九四二年七月一七日、独占領下のパリでユダヤ人の一斉検挙が断行された。一九日未明にパリの東三〇〇キロに位置するロレーヌ地方のナンシーでも、東欧から逃れてきたユダヤ人四〇〇〇人の検挙が計画された。ナンシーは一八世紀にポーランド王がロレーヌ公を兼ねていたときの公国の首都であり、ユダヤ系も含めてポーランドからの移民が多く住みついていた。彼らが捕まれば絶滅収容所送りとなる。ところが夜中に警察が踏み込んだものの、住居の多くはもぬけの殻だった。捜査情報が漏洩していたのは疑いない。いったい誰が情報を漏らしたのだろうか。

四〇年六月半ばドイツの電撃戦に抗しきれずにフランスは降伏した。独軍に占領された仏北部と西部において反ユダヤ主義的な政策が次々と施行されていく。同年一〇月、独占領当局は各地の警察署外事課に対して、外国籍のユダヤ人を監視するよう命令した。四二年六月、占領区域における警察業務が独国防軍から親衛隊の管轄下に入り、ユダヤ人は黄色いダビデの星を縫い付けた服を着ずに外出することを禁じられる。とはいえ、占領地における実際の業務の担い手はフランス人警察官にゆだねられていた。星形の布切れの配布が外事課の仕事となる。

七月一八日、ナンシー警察署外事課のエドゥアール・ヴィネロン課長に対して、翌朝の外国籍ユダヤ人の一斉検挙に向けて準備をするよう命令が下った。だが警察内部でもユダヤ人逮捕に向けた士気はあがらなかった。第一次大戦に従軍してドイツと戦った経験のあるヴィネロンは、職務として外国人監視に従事していたものの、親衛隊の手先となってユダヤ人を拘束するなどできなかった。彼は課長補佐のピエール・マリー（Pierre Marie）や五名の部下とともに各ユダヤ人の住居を訪れ、すぐに逃走するよう警告した。それだけではない。偽の外国人登録証を発給し、ヴィシー政権の管轄下にある仏南部に潜入できるよう手はずを整えてやった。

親衛隊は一斉検挙の失敗を見て内通者の存在を疑った。一か月後ヴィネロンは逮捕されて、厳しい尋問を受けた。しかし明確な証拠が見つからなかったため三か月の投獄の後に解放されている。同じ時期にマリーも停職に追い込まれた。四三年にもヴィネロンはユダヤ人への偽造身分証の発給容疑で三か月投獄された。当時のフランスは独占領当局による厳しい物資徴発によって極端な食糧不足に陥っており、配給券を持っていても十分な食料を手に入れられない。そうした状況の中で職を奪われたヴィネロンとマリーが生活苦に直面したのは明白である。戦後二人は復職して退職まで警察に勤務した。

ヴィネロンの命令を受け、ベテラン刑事のシャルル・ブーイ（Charles Bouy）は警告を発しただけでなく、隠れる場所がみつからないユダヤ人家族を自分の家に匿った。マルセル・ギャリオ（Marcel Galliot）は外事課で働きながらレジスタンス活動にも関与していた。偽造証明書を持たせてユダヤ人数名をフランス南部に逃がしたが、四三年に逮捕され、終戦までブーヘンヴァルト強制収容所に抑留された。七人の外事課刑事の尽力によって約三七〇人のユダヤ人が逮捕を免れた。六名が「有徳の人」を受賞している。

# 18　ユダヤ人を匿った元大統領夫妻

**カジース・グリニュス**　Kazys Grinius　1866-1950……………**リトアニア**

リトアニア南部セレモス・ブーダ村生。モスクワ大学で医学博士号取得。第一次大戦で最初の妻と娘が惨殺。パリ講和会議の母国代表団一員。一九二六年大統領に選出、同年末クーデタで失職。独の母国占領政策を公然と批判。第二次大戦後に米国亡命。シカゴで逝去。二〇一六年「有徳の人」受賞、顕彰碑。

**クリスティナ・グリニウヴィエネ**　Kristina Griniuviene　1896-1987……………**リトアニア**

ロシアのサラトフ生。カウナス・ギムナジウム卒、モスクワ大とカウナス大法学部在籍。戦間期はカウナスで雑誌・新聞記者。一九二七年カジースと結婚。独ソ戦中母国での独によるユダヤ人虐殺に心痛。第二次大戦後、夫と共に米国亡命。ワシントンDCで逝去。二〇一六年「有徳の人」受賞、顕彰碑。

第一次世界大戦とロシア革命によって、小国リトアニアは激流に押し流される小舟のように翻弄された。カジース・グリニュスの人生もその例に漏れない。一八六六年にカジースが生まれたとき、母国はまだロシア帝国の一部だった。人の役に立つ職業を目指していた彼は、帝国最高学府の一つであるモスクワ大学医学部に入学し、医学博士号を手に入れた。九四年には母国に戻り、生家の近くで医師の仕事を始め、政治運動にかかわるようになった。九六年には最初の妻と結婚して三人の子宝に恵まれる。一九一七年にドイツ軍がリトアニアに侵攻すると、混乱を恐れてグリニュスは家族を連れてロシア南部に逃れた。ところが一八年に革命で混迷を極める北カフカスで妻と娘が暴徒に虐殺される。一人帰国したグリニュスは一九年にリトアニア臨時政府代表団の一員としてパリ講和会議に乗り込み、母国の独立に尽力した。民主的な新立憲議会の議員となり、二〇年には新政府の首班に指名された。二六年半ばに議会左派はグリニュスを大統領に選出する。だが共産主義の脅威と民族主義の高まりの中で、同年末に保守派はクーデタを起こして彼を大統領の椅子から引きずり下ろした。不遇の中で彼は二七年にクリスティナと再婚して子宝にも恵まれる。だが小国の独立と平和の維持は難しかった。

リトアニアは一八年に独立を宣言したのち最大の少数民族ユダヤ人と良好な関係を築いてきた。第二次大戦が始まってポーランドがドイツとソ連に分割占領されると、三九年一〇月にリトアニアが領有権を主張していたヴィルニュスがポーランドから返還された。「北のイェルサレム」とも称されユダヤ人口が三割を占める同市の編入によって、人口二百万人ほどの小国でユダヤ人の割合が一〇％を越えた。四〇年六月、独ソ不可侵条約の秘密協定によってリトアニアはソ連に占領され、八月には社会主義共和国としてソ連に編入された。四一年六月に独ソ戦が始まるとドイツに占領され、ユダヤ人の大量虐殺が始まる。虐殺を免れた者も各地にできたゲットーに入れられ、きわめて困難な状況に追い込まれた。

ドミトリユス・ゲルペルナスは、カウナス・ゲットーのユダヤ人指導者を務めていた。四一年秋にゲットー内で多数のユダヤ人が殺害されると、身の危険を感じた彼は義母の同級生で親交のあったクリスティナに救いを求める。グリニュス一家は危険を顧みず彼を快く受け入れ、偽の身分証の調達に協力した。また配給の食糧では足りず彼を養えないため、貯えを切り崩して闇で食糧を手に入れた。

グリニュスは傀儡政権に参加して独占領当局に手を貸すのを拒み、四二年九月に民主派の元閣僚二名と共同で独の植民地化政策を批判してホロコーストに抗議した。その結果彼らは逮捕され、首都カウナスを追放されて生家に幽閉される。グリニュスは逮捕される直前までゲルペルナスを匿い続けた。四四年夏のソ連によるリトアニア再占領後、彼は家族でアメリカに亡命した。

## 19　命を懸けた農民による救出

**ユーゼフ&ヴィクトリア・ウルマ**　Józef and Wiktoria Ulma　1900-44　1912-44……………**ポーランド**

ポーランド南西部マルコヴァ村の農民。カトリック青年協会の活動家。ヴィクトリアも同じ村の出身で幼い子供が六人いた。四二年秋からユダヤ人二家族八名を自宅の屋根裏部屋に匿う。四四年三月、密告によって発覚。ユダヤ人全員とウルマ家全員が銃殺される。一九九五年ウルマ夫妻「有徳の人」受賞、顕彰碑。

一九四二年夏、独占領下のポーランド南西部ワンツト郡のマルコヴァ村中心部でユダヤ人が一斉に逮捕された。独警察隊はユダヤ人家族を見つけては家から引きずり出して射殺し、村人に命じて遺体を家畜処分場に埋めさせた。難を逃れたユダヤ人数十人は近隣の農民に頼み込み、農場で匿ってもらった。

ポーランドは地平線が見えるほどの平らな大地に平地林と耕地が広がっており、北海道以上に隣の農家までの距離が離れている。戦前の農村は近代化の波に乗り遅れており、農耕は牛馬に頼らざるを得ず、移動手段は馬車で、主要道から農家までの道筋も荒れ果てていた。独占領当局も広く点在している農家全戸を調べ上げるなど不可能だった。同年秋、隣町から逃れてきたユダヤ人二家族八名が、マルコヴァ近くで農業を営むウルマ家を訪れて救いを求めた。夏に残虐な所業を目撃した夫のユーゼフは、妻ヴィクトリアと相談して受け入れを決断した。六人の子供と暮らすウルマ家に新たな家族が加わって、農家は賑わいにあふれた。

平穏な日々はいつまでも続かなかった。一年以上も身元不明の家族が小さな農場に住んでいれば、村で目立つことは避けられない。まだ雪に覆われた四四年三月下旬の未明、独警察隊が隣町ワンツトから

第二次大戦中にユダヤ人を救ったポーランド人の企画展を続けるマルコヴァ村のウルマ・ファミリー博物館

ウルマ家に踏み込んできた。だれかが密告したに違いない。警察は次々とユダヤ人を射殺し、主人のユーゼフだけでなく身重の妻と六人の子供も撃ち殺した。警察は村長に死体の埋葬を命じる。ユダヤ人を匿った者の運命がどうなるかを村人に見せつけるため、ウルマ家全員を殺害したのは明らかだった。同じくユダヤ人を匿っていた他の農民たちはパニックに陥った。数日のうちに、何体ものユダヤ人の亡骸が村の近くで見つかったという。農民たちが自らの家族を守るため苦渋の選択としてユダヤ人を手にかけたに違いない。それでもマルコヴァ村で匿われたユダヤ人二十人ほどは終戦まで生き残ることができた。非道なナチスの占領政策がポーランドの田舎にまで浸透していたことが見て取れる。

二〇一六年に、ポーランド大統領の肝いりでマルコヴァ村にウルマ・ファミリーの博物館が建設された。第二次大戦中の困難な状況の中でユダヤ人を救ったポーランド人を顕彰して、今日様々な展示がなされている。

# 20　七千名を中立国スウェーデンに逃がせ

**ゲオルグ・ドゥクヴィッツ**　Georg Duckwitz　1904-73……………………**ドイツ**

ブレーメンの由緒ある貴族。船舶会社に勤めるも、三九年に駐コペンハーゲン独大使館の商務官として着任。四三年、ユダヤ人をスウェーデンに逃がすためゲシュタポ情報をデンマーク政府に伝えた。戦後も西独外務省に残り、駐デンマーク大使、外務次官、駐インド大使を務める。七一年「有徳の人」受賞、植樹。

**ヘンリー&エレン・トムセン**　Henry and Ellen Thomsen　1906-44　1912-……………**デンマーク**

シェラン島北部スネカスティーン村の宿屋の主人とその妻。独占領期に違法な出版物や武器をスウェーデンから移送する活動に参画。四三年一〇月ユダヤ人百名以上を村人の家に匿い、持ち船でスウェーデンに送り届けた。同月ヘンリーは逮捕され、四四年一二月ドイツの強制収容所で死亡。六八年「有徳の人」受賞、植樹。

一九四三年一〇月一日、ユダヤ教の新年にあたるローシュ・ハッシャナー第一日目の夜に、ゲシュタポはデンマーク全土に居住するユダヤ人七八〇〇名の逮捕に向かった。しかし新年を祝っているはずの各家庭はもぬけの殻だった。事前に逮捕情報が漏れており、彼らがどこかに身を隠しているのは明らかである。だが彼らの潜伏先は見つからず、結局捕獲できたのは全体の一割にも満たない。ユダヤ人七二二〇名と家族である非ユダヤ人六八〇名はデンマーク人家庭に匿われ、チャンスをみて漁船などの船倉に潜り込み、一〇月一〇日までには対岸のスウェーデンに逃れた。ユダヤ人四八〇名ほどが逮捕され、プラハの北七〇キロにあるテレージエンシュタット強制収容所に収容された。ところが他国のユダヤ人とは異なり、デンマーク政府からの支援を受けた彼らは、清潔な施設に移されて食事や衛生の面で優遇を受けた。四五年四月半ばには帰国を許され、九〇%がデンマークに生還できた。

四〇年四月九日、突然ドイツ軍に侵略されたデンマークはほとんど抵抗することなく降伏した。ドイツ軍の占領下に置かれたものの、王国の存続・陸海軍の維持・国民の自由権を含め、デンマーク国家の独立は保障された。ヒトラーが欧州大陸のほとんどを手中に収め、独ソ戦でも優勢を意識しているうちは、同地のユダヤ人が迫害されることも逮捕されることもなかった。ところが四三年一月に独軍がスターリングラードの戦いで敗れると、徐々に国内で反独気運が高まって、地下組織は独軍事施設でのストライキや破壊活動を活発化させた。反発した独占領当局は同年八月二九日に戒厳令を発して軍政を布く。ユダヤ人をデンマークから東方の強制収容所に移送する計画にも着手した。

駐デンマーク独大使館に勤務していたゲオルグ・ドゥクヴィッツは、占領地におけるヒトラーの強権的な手法に辟易していた。彼は〇四年にブレーメンの由緒ある貴族の家に生まれ、大学で法学と経済学を学び、コーヒー卸売り会社から派遣されて三年間コペンハーゲンに駐在した。その間にデンマーク語を流ちょうに話せるようになり、交友関係も広げる。三三年からは北欧専門家として独外務省通商部に勤務し、三五年には船会社に転じた。大戦勃発後に独大使館の商務官としてコペンハーゲンに戻ってくる。独占領軍を率いるヴェルナー・ベスト全権代表の信頼も篤く、やがて取り巻きグループの一人となった。ドゥクヴィッツは、そのベストから九月一一日にユダヤ人移送計画を打ち明けられた。古くからの知己が移送者リストに含まれているのは明白である。非人道的な行為を黙視できないと抗議し、転勤を申し出た。ベストは彼に自重を促し、デンマークの友人たちも彼が難局を打開できる唯一の人物だと説得し、転勤撤回を求めた。彼の決意も固まる。

九月一三日、ドゥクヴィッツはベルリンに飛び、外務省で移送計画の握りつぶしを計る。それが不調に終わると、移送実行前にユダヤ人を中立国スウェーデンに脱出させようと動き出した。一九日、コペンハーゲンのスウェーデン公使と連絡を取り、二二日にはストックホルムで同国首相に彼らの受け入れを要請する。二五日にコペンハーゲンに戻ると、首相との合意に基づき、大量のスウェーデン・ヴィザを発給するよう同国公使に依頼した。二八日、ドゥクヴィッツは三日後にユダヤ人逮捕を開始するという情報に接し、デンマーク社会民主党の指導者たちに警鐘を鳴らした。それはすぐに同国の地下組織にも伝わる。彼らをスウェーデンに逃がす作戦が始まった。

九月二九日、コペンハーゲンのシナゴーグでの礼拝の際にユダヤ人は逮捕されるという警告が流された。信徒たちはすぐさま八方に散り、自宅を後にしてスウェーデンに逃れるよう、キリスト教徒の隣人の協力も得て知りうる限りのユダヤ人に伝達した。多くの市民が彼らの窮状を知って支援に乗り出す。対岸のスウェーデンに逃すため、エーレ海峡の海辺に隠れ家を見つけてユダヤ人を匿い、漁師を雇って漁船で密航させた。デンマークの地下組織も動き出す。募金を集めて協力的な漁師に資金を提供して、百隻以上の船を密航船に仕立てた。病院や教会にユダヤ人を避難させ、葬列を装い海辺まで連れて行って密航船に乗せる。ただしほとんどの船が小型だったため、一度に乗船できる人数は限られていた。順番を待つ間、彼らは海岸付近の民家や納屋に身を潜めていなければならなかった。それでも一〇月半ばまでに、ほとんどがシェラン島の各地にある港から大小の船に乗せられてスウェーデンに脱出できた。

一〇月二日、スウェーデン政府は、デンマークのユダヤ人全員をスウェーデンに受け入れると宣言した。すでに同国は独ソ戦でのドイツ軍の戦局悪化を把握しており、親独的な外交政策を止めて四三年八月から独軍の国内通過を禁止していた。一〇月には独艦船のスウェーデン領海への侵入を厳格に制限しはじめ、逆に避難民を乗せた船が領海内に入ると、スウェーデン側の港まで無事に着けるよう沿岸警備艇に命じる。エーレ海峡を監視していた独警備艇もけっしてベルリンの命令に忠実ではなく、密航船の拿捕などの強硬手段をほとんどとらなかった。スウェーデンは莫大な資金を提供して避難民救済組織を立ち上げ、到着したユダヤ人たちに住居をあてがい生活費を支給し、子供たちを学校に受け入れた。

シェラン島北部スネッカーステンで宿屋を営んでいたヘンリー・トムセンは、妻エレンと共に独占領初期から地下組織に参加していた。ユダヤ人に脅威が迫ると、海辺に逃れてきた彼らに隠れ家を斡旋し、協力する漁師たちに宿屋を利用させ、自らの持ち船も使って密航を助ける。一〇月のある晩ゲシュタポに逮捕され、独ノイエンガンメ強制収容所に送られて一二月に不帰の客となった。

デンマーク地下組織とは、独占領下でデモ・ストライキ・破壊活動という対独抵抗運動に参加した知識人、牧師、警察官、医者、労働者、学生らの総称である。対独不服従の態度をとって抵抗運動に協力した人々を含めると数万人にのぼる。彼らはトムセンなどの特例を除いて個人での受賞を拒否したため、グループとしての功績を評価されてヤド・ヴァシェームに植樹された。

# 21 マイヨ・ジョーヌを纏《まと》った救出者

**ジーノ・バルタリ** Gino Bartali 1914-2000 …………… **イタリア**

フィレンツェ生まれ。敬虔なカトリック信者でプロ自転車ロードレーサー。ツール・ド・フランスやジーロ・ディターリアという名だたる自転車競技会で、戦前と戦後にそれぞれ優勝した。ドイツ占領下のイタリアにおいてユダヤ人を救う。二〇〇〇年逝去。二〇一三年「有徳の人」受賞、顕彰碑。

**エリア・ダッラ＝コスタ** Elia Dalla Costa 1872-1961 …………… **イタリア**

イタリア北部ヴィチェンツァ近郊生。九五年叙階。第一次大戦中負傷兵や孤児の救済に尽力。一九三一年フィレンツェ大司教、三三年枢機卿。イタリアの独占領後フィレンツェでユダヤ人救済のためのカトリック・ネットワーク構築。一九六一年帰天。二〇一二年「有徳の人」受賞、顕彰碑。

**トレント・ブリジ** Trento Brizi 1915-? …………… **イタリア**

父ルイジと共にアッシジのサンタ・キアラ広場で土産屋を営み、副業として印刷業も始めた。占領下でアッシジの救援ネットワークのメンバーとなり、偽の身分証明書を印刷し、本物そっくりのスタンプを捺して、ユダヤ人らに提供した。一九九七年「有徳の人」受賞、顕彰碑。

自転車ロードレースは欧州でサッカーと肩を並べる人気スポーツである。春から初秋にかけて各国でいくつものレースが開かれ、アマチュアだけでなくプロ選手も勝負を競う。その中でも最高峰のツール・ド・フランスは、毎年七月に高低差二千メートル以上の起伏に富んだ四千キロもの過酷なコースを走り抜くレースだ。総合成績一位の選手は高額な優勝賞金を手にするとともに、黄色のジャージ「マイヨ・ジョーヌ」を身につけることを許され、ヨーロッパ中から羨望を一身に集める。第二次大戦をまたいだ一九三八年と四八年にその栄光を二度も勝ち取った反骨のイタリア人がいた。ジーノ・バルタリである。

ジーノは一九一四年にフィレンツェ近郊のポンテ・ア・エマで四人兄弟の三番目として生まれた。父親は農場や石切場で働く日雇い労働者であり、メイド勤めの母親と共に貧しいながらも子供四人を育て上げた。ジーノは一七歳のときにロードレースで初勝利をあげ、二一歳でプロになった。二年後の三六年には、イタリア最高のロードレースであるジーロ・ディターリアで勝利を収め、翌年に二連覇を達成すると母国での名声を不動のものとした。三八年には独裁者ベニート・ムッソリーニの期待に応えてツール・ド・フランスで凱歌をあげ、イタリア・スポーツ界の英雄と称された。だが三九年三月にドイツがチェコスロヴァキアを解体すると、翌月イタリアもアルバニアへの侵略を開始する。フランスとの外交関係が緊張し、イタリア選手団のツールへの参加が見送られた。戦雲がヨーロッパ全土を覆い、各国の自転車レースは軒並み中止に追い込まれる。バルタリは選手としての絶頂期に活躍の機会を奪われてしまった。

1938 年のツール・ド・フランスで疾走するバルタリ

第二次大戦がはじまると、イタリアは四〇年六月に枢軸側として英仏に宣戦を

フィレンツェにあるジーノ・バルタリの博物館

布告して仏南部を占領し、四一年にはギリシアにまで勢力圏を広げた。だが四三年に入ると枢軸側の戦況が悪化する。同年七月に連合軍がシチリア島に上陸すると、ムッソリーニはクーデタによって失脚した。イタリアの戦線離脱を恐れたヒトラーは、九月にムッソリーニを救い出してイタリア全土を占領した。イタリアのユダヤ人にホロコーストの脅威が迫ってくる。フィレンツェのユダヤ組織が、同地の大司教を務めていたエリア・ダッラ＝コスタ枢機卿に支援を依頼する。枢機卿は配下の神父を呼んで次のように指示した。フィレンツェ県にある数多のカトリック男子および女子修道院の門戸を開き、逃れてきたユダヤ人を受け入れたい。彼らを院内に匿い、寝床を準備して食事を与えてほしい。彼らが安全に国外へ逃亡できるように偽の身分証明書を届けるので、それを彼らに持たせてほしい。各修道院長宛に依頼書を書くので配布せよというのである。高額の懸賞金目当ての密告者が目を光らせていたにもかかわらず、多くの修道院が危険をかえりみずユダヤ人を受け入れた。

祖国の英雄であるバルタリは徴兵を免除され、きたるべきツールの再開を期してトレーニングに励んでいた。四〇年には最愛の女性アドリアーナと結婚している。その結婚式に立ち会ったのがダッラ＝コスタだった。四三年秋枢機卿はバルタリを呼び出し、ユダヤ人救援ネットワークへの参加を要請した。アッシジの敬虔な土産屋、ルイジとトレントのブリジ親子が副業で印刷業も営み、偽の身分証明書を秘密裏に作成している。フィレンツェから証明書に必要な写真を一七〇キロ以上離れたアッシジまで運び、帰りには偽証明書を持ってきてほしいというのだ。バルタリは自転車のフレームのパイプの中に書類を隠して、妻にさえ運び屋をしていることを話さず、あたかも訓練であるかのようにさっそうと沿道を走り抜ける。枢機卿のネットワークが救ったユダヤ人は、イタリアが連合軍に解放される四五年四月末までに、フィレンツェで三三〇名に及んだ。アッシジでも三〇〇名ほどが救われている。

ブリジ土産屋の偽身分証明書

　カトリック・ネットワークを構成した神父・修道士・修道女、それにアッシジの土産屋親子などには二〇世紀中に「有徳の人」が授けられた。だが中心的な役割を果たした枢機卿の認定は、教会の機密保持が厳重で記録が少なかったため難航した。寡黙なバルタリも秘密を一切口外することなく天に召された。残された日記を読んだ息子が父の活動を語り、やっとバルタリの偉業が明るみに出た。二人が「有徳の人」と認定されたのは、二〇一〇年代になってからである。

# 22 「戦場のピアニスト」を救った独士官

**ヴィルヘルム・ホーゼンフェルト** Wilhelm Hosenfeld 1895-1952 ……………… **ドイツ**

ヘッセン州マッケンツェル生。敬虔なカトリックの両親の下で育つ。第一次大戦に従軍。ワンダーフォーゲル運動参加。村の小学校教師。三九年国防軍に徴兵され、四〇～四四年ワルシャワ駐屯軍のスポーツ担当士官。四五年ソ連軍捕虜、スターリングラード収容所で逝去。二〇〇八年「有徳の人」受賞、顕彰碑。

映画「戦場のピアニスト」のクライマックスで「私は君に何かするつもりなど毛頭ない」と背の高い上品な独士官が肩をすくめて語りかける。一九四四年晩秋ワルシャワは廃墟と化していた。同年八月のワルシャワ蜂起でポーランド側の抵抗が力尽きると、首都は独軍によって徹底的に破壊されたからである。著名なユダヤ人ピアニストのヴワディスワフ・シュピルマンは、四二年夏にワルシャワ・ゲットーから逃亡し、ポーランド人の支援を得て市内に潜伏していた。蜂起後に壊れゆく隠れ家から逃れ、飢餓状態に陥って寒々とした廃屋で食料品を漁っているときに「ここで何を探しているのだ」と背後から声をかけられた。ピアニストは愕然として椅子に座り込み「どうか好きなようにしてください。私はもう一歩も動けない」とつぶやく。こうして冒頭のシーンがスクリーン一杯に映し出される。この士官こそがヴィルヘルム・ホーゼンフェルト陸軍大尉である。彼はシュピルマンに別の家へ隠れるよう指示し、食料まで与える。ピアニストはワルシャワ解放まで生き抜くことができ、彼の演奏と作曲した秀作は戦後復興期のポーランド観衆を魅了した。

四〇年から四四年までポーランド駐留独軍の運動・文化士官だったホーゼンフェルトが助けたのは、

シュピルマンだけではない。その事実が一九九八年に母の遺品を整理していた娘によって発見される。ワルシャワの彼から妻に宛てた手紙約六〇〇通、ワルシャワ時代の日記、ソ連軍の捕虜となった四五～五二年の葉書が床下の箱の中から出てきた。彼は、理不尽な逮捕・拘禁によって死の淵に立たされた、あるいは逃亡中のポーランド人やユダヤ人を見ると、そっと手を差しのべる。たとえばホーゼンフェルトは、あるポーランド人貴族の家に招待されたとき、夫人がユダヤ人少女を家政婦として雇っているのを目撃した。言うまでもなく彼はその事実をだれにも語らなかった。ところが少女の兄レオン・ヴァルムが、絶滅収容所トレブリンカ行きの列車から逃れてその家に匿われている、助けて欲しいという知らせが届く。彼はその若者を引き受けて偽名の証明書を与え、自分が管理する国防軍スポーツ施設の使用人として雇った。ヴァルム兄妹は無事にワルシャワで生き抜く。一九五〇年にヴァルム兄は、ホーゼンフェルトの妻が住んでいるヘッセン州を訪れ、彼女の夫の善行への感謝を伝えた。また戦後高名になったシュピルマンにも手紙を書き、ホーゼンフェルトの収容所からの解放を訴えている。

ピアノを弾くヴワディスワフ・シュピルマン

シュピルマンは、ホーゼンフェルトの手紙が見つかった九八年にヤド・ヴァシェームへ手紙を書き、「有徳の人」として表彰するよう嘆願した。シュピルマンをワルシャワで匿ったポーランド人三名が表彰されたのに、なぜ彼はだめなのかを問い質した。五〇年にミンスクのソ連軍事法廷で、戦犯として禁固二五年の刑を言い渡されていたことが問題だった。一〇年の調査を経て戦犯にあたらないと証明され、二〇〇八年に表彰が実現した。

# 23 マダム・カルヴェン――オート・クチュールのメゾンで匿う

**マリー＝ルイーズ・カルヴェン** Marie-Louise Carven 1909-2015 ……………… **フランス**

本名カルメン・ド・トマソ、ヴィエンヌ県シャテルロー生。パリの高等芸術学院卒業。四一年パリでオート・クチュールのメゾンを共同で開業。四五年単独で「カルヴェン」ブランドを立ち上げ、モードの最先端を行き歌手や女優から高く評価される。レジオンドヌール勲章受章。二〇〇〇年「有徳の人」受賞、顕彰碑。

フランスが独占領下に置かれていた一九四一年、才気あふれるカルヴェンは、知り合いと共同でパリのオペラ座近くにオート・クチュール（高級仕立服）のメゾンを開業した。背の小さい彼女は、身長の低い女性でも似合うドレスを考案し、顧客を拡大していった。もちろん彼女のメゾンでも受注したドレスの縫製を担当する職人を雇わなければならない。ユダヤ人を雇用から排除するという政令が出た後も、彼女はドレス・デザイナーのルーマニア系ユダヤ人を職人として雇い続けていた。この職人は、戦前からフランス国籍を取得していたため、自分と家族が強制収容所送りにされないと確信していた。

四三年一一月、警察官二名が職人の家を訪れ、家族全員を強制収容所送りにするとの命令書を読み上げ、出発準備のため一日の猶予を与えた。職人はすぐさまカルヴェンのもとに走り助けを求めた。彼女はメゾンの一角にあるメイド部屋に彼を匿い、縫製の仕事を続けさせた。妻と五人の子供も守らなければならない。彼女は、自らの母親、叔父、叔母に頼んで、それぞれの家で彼の家族を匿ってもらった。また友人に頼んで偽造身分証を作ってもらう。四四年八月にパリが解放されるまで、そのユダヤ人家族全員が生き残ることができた。

## 24 バチカンに楯突いた「ユダヤ人の神父」

**ピエール＝マリー・ブノワ** Pierre-Marie Benoît 1895-1990 ……… **フランス**

北西フランスのル・ブール＝ディレ生。カプチン会の見習い修道士となり、第一次大戦に従軍。戦後はローマのカプチン会本部で神学研究を続けて神学生を教えた。四〇年マルセイユの修道会に派遣。四三年本部に帰還。多数のユダヤ人を助けた偉業から「ユダヤ人の神父」と呼ばれた。一九六六年「有徳の人」受賞、植樹。

一九四〇年六月一〇日、イタリアは国境を接する南仏のニース地方に侵攻した。同年五月ヒトラーの電撃戦によって窮地に陥ったフランスに対して、ムッソリーニが漁夫の利を狙って英仏に宣戦を布告した結果である。フランスは六月二二日に降伏し、南部にはヴィシー政権が誕生する。ヴィシー政権のユダヤ人政策は、たとえば外国籍のユダヤ人だけを逮捕して強制収容所に入れドイツに引き渡すなど、独占領地域よりは緩かった。ところが四二年一一月にドイツ軍がヴィシー政権支配地域まで直接占領下に置くと、同地域の仏国籍ユダヤ人にまで逮捕の危険が迫った。一方でイタリア占領地域では、同国軍が撤退する四三年九月までユダヤ人に対する厳しい迫害は行われなかった。

カプチン会のブノワ神父は、四〇年六月にローマの本部からマルセイユの修道会に派遣された。ちなみにカプチン会とは、カトリックのフランシスコ会の一分派で徹底した清貧を貫く托鉢修道会であり、修道士は長くとがった頭巾と茶褐色の修道服を着用している。当初ブノアは、マルセイユで外国籍ユダヤ人をカプチン会修道院に匿い、イタリア占領地域に逃亡させる工作に従事していた。逃れてきたユダヤ人のために同修道院の地下室にある印刷機で偽の身分証明書を作成して、彼らを密かにカンヌやニースまで連れて行った。

四二年一一月、マルセイユにドイツ軍が進駐してくると、仏国籍のユダヤ人にまで逮捕の危機が迫った。ブノワは伊占領地区への逃亡工作で多忙を極めていた。四三年六月一〇日、連合軍がイタリア南部に上陸する。彼のもとに、同年夏中にイタリアが連合国に降伏するという情報が伝わってきた。そうなると仏南部のイタリア占領地域もドイツ軍に占領され、もちろん同地のユダヤ人にまで脅威が及ぶ。その前に、ユダヤ人を安全な場所に逃がす必要があった。同年六月ブノワはローマにもどり、七月半ばに教皇ピオ一二世に謁見して次の上申をした。すなわち、ニースやカンヌのユダヤ人を早急にイタリア本国に移送するよう、イタリア政府に圧力をかけてほしい、と求めたのだった。だがバチカンは言い訳を並べるだけで動かない。七月二四日にムッソリーニが失脚すると、ブノワはバチカン駐在の英米外交代表部の協力を得て、伊占領地域のユダヤ人三万人を連合軍に解放された北アフリカへ移送するという計画を作り上げる。だがイタリアが予想より早い四三年九月八日に無条件降伏を連合国に通知したため、計画実行前に同地域はドイツ軍に占領されてしまった。同地域のユダヤ人救済計画が頓挫したのは言うまでもない。

九月八日以降、ナポリ以北のイタリアはドイツ軍に占領されて傀儡政権に支配された。一〇月一六日ゲシュタポがローマで大規模なユダヤ人狩りを行い、逮捕した千人以上を絶滅収容所に送った。それ以降もドイツ軍占領地ではユダヤ人狩りが続く。ユダヤ人救済に関してバチカンのローマ教皇庁が消極的な態度しかとらなかったにもかかわらず、ローマ市内の教会や男子・女子修道院の多くが独自の判断で約四千名のユダヤ人に救いの手を差し伸べた。ただしドイツ側も黙っていない。一七〇名ものカトリッ

骸骨寺として知られるローマのサンタ・マリア・インマコラータ・コンチェツィオーネ教会、カプチン修道会の総本山、ブノアのローマでの活動拠点

ク関係者がユダヤ人を匿ったとして逮捕され、命を落としている。ブノワにもゲシュタポの魔の手が迫ってきた。彼は偽名を使ってカプチン会本部のサンタ・マリア・インマコラータ・コンチェツィオーネ教会に身を隠しながら、偽造身分証明書を印刷させて隠れ家を準備させるなど、北イタリアで危機に瀕するユダヤ人に対して救済の指揮を執った。救済には資金が必要である。ユダヤ人を匿っている教会や修道院の多くは食料や衣服の調達に苦しんでいた。だがバチカンは、ブノワの資金提供の要請に対して一度として首を縦に振らなかった。

ブノワは何度か密告されたものの危機一髪で逮捕を免れ、ローマが連合軍に解放される四四年六月まで地下に潜って活動を続けることができた。後日ブノワは、助けられた人々から「ユダヤ人の神父」という称号を授けられた。

# 25　ユダヤ幼児の里親リストを隠し通した教師

**アンドレ・ギュレン**　Andrée Geulen 1921-……………………**ベルギー**

ブリュッセル生。高校卒業後に小学校の代用教員資格を取得。女子寄宿学校の教員として教鞭をとる。ユダヤ人擁護委員会に参加。同校のユダヤ人一斉摘発後に地下に潜り、ユダヤ幼児とキリスト教徒の里親の橋渡しに尽力。戦後は幼児の返還活動に従事。一九八九年「有徳の人」受賞、植樹。

首都ブリュッセルのリベラルなブルジョア家庭で育ったアンドレ・ギュレンは、小学校から高校までユダヤ人の同級生と机を並べて勉強しており、それが普通のことだと考えていた。高校卒業後に小学校の代用教員の資格を取り、ブリュッセルの小中高一貫のガッティ・ド・ガモン女子寄宿学校（現在は男女共学）で教鞭をとっていた。一九四〇年五月、ベルギー全土がドイツ軍に占領されると事態は一変する。ユダヤ人は公職から追放され、翌年五月末には、ユダヤ人は外出する際に必ず黄色の星型ワッペンを胸に付けなければならなくなった。ユダヤ人の子供たちにも学内で黄色ワッペンを装着することが強制される。二〇歳の代用教員にとってあからさまな差別は衝撃だった。アンドレはユダヤ人差別に反発し、ワッペンが見えないよう教室では子供全員にたえずエプロンを着けさせた。

四二年八月、ベルギーでもユダヤ人の絶滅収容所への強制移送がはじまる。地下活動を続けるユダヤ人とキリスト教徒が共同でユダヤ人援護委員会を創設し、隠れ家を手配し、偽造身分証明書を発給した。ギュレンも委員会のメンバーとなり、子供が危険な都市部から逃れられるよう里親探しに尽力した。さらに彼女は委員会の活動拠点の一つである自らの勤務校の舎監となり、校長と協力してユダヤ人の子供たちを匿った。四三年五月の聖霊降臨祭の祝日を狙って寄宿学校が強制捜査され、ユダヤ人生徒一二名と校長夫妻が逮捕された。全員が強制収容所に送られて二度と帰らぬ人となった。逮捕を免れた彼女は、すぐさまユダヤ人の支援者宅を訪れ、素性を隠して学校に通っている子供たちに登校しないよう警告を発した。

四二年の夏以降もベルギー在住ユダヤ人約七万人の半数ほどが逮捕を免れ、偽造身分証をいつも携帯して都市部でひっそりと生活していた。しかし密告者は後を絶たず、強制捜査によって拘束されるユダヤ人家族もいた。子供だけでも安全な場所に匿ってもらいたいという親の願いを受け、ギュレンは地下に潜ってユダヤ幼児と里親の橋渡し活動に従事した。秘密保持のため、親から預かった幼児にクリスチャン・ネームをつけ、里親には実名を教えずに育ててもらう。ただし子供は数か月もすると実の親の名前も覚えていない。占領後に実の親に子供を返すため、子供の本名と実母の住所・氏名を記した里親リストが一通だけ作成された。リストがドイツ側に渡ると、ユダヤ人だけでなく里親となった委員会の協力者にまで危険が及ぶため、仲介役の彼女がたえず隠し持っていた。一度家宅捜査を受けたが、どうにかリストを隠し通した。独占領中のベルギー全土でユダヤ人援護委員会の協力者七百家族が三千名もの子供を匿い続けた。彼女が里親を依頼したのは百家族以上である。

四四年末にベルギーが解放されると、ギュレンは里親のもとにいる子供たちを、リストに基づき実の両親に返そうと試みた。だが絶滅収容所で命を落とした親も少なくなく、思うように返すことができない。そうした場合には親戚を探し出すなど苦労も多く、ほとんどの子供を返し終えるまでに数年もかかった。子供を預かった責任感が、彼女をそうさせたのは言うまでもない。彼女には「有徳の人」だけでなく、二〇〇八年にイスラエル名誉市民の称号も授与された。

# 26 ユダヤ人登録書類を偽造・破棄したイタリア警察高官

**ジョバンニ・パラトゥッチ** Giovanni Palatucci 1909-45 ……………… **イタリア**

イタリア南部カンパーニア州アヴェッリーノ県モンテッラ生まれ。伯父にはカンパーニア州カトリック司教ジュゼッペ・マリア・パラトゥッチがいる。名門トリノ大学法学部を卒業して博士号を取得。警察庁に入庁してジェノアで勤務を始め、一九三七年にフィウメに転勤。九〇年「有徳の人」受賞、顕彰碑。

若くして内務官僚となったパラトゥッチは、一九三七年にフィウメ（現在クロアチアのリイェカ、当時はイタリア領）に着任すると、市警察署の外国人課長に任命される。三八年、イタリアでユダヤ人居住地をゲットーに限定する法律が施行され、四〇年ユダヤ人は国籍を剥奪された。法学博士であるパラトゥッチは、ファシスト政権による特定民族の人権を無視する法律制定に批判的だった。そこで彼は、ユダヤ人に対して寛大な態度を示した。たとえば、ゲットーへの強制移住命令書の発令を意図的に遅らせては彼らに逃亡を促し、密かにウィーンから逃れてきたユダヤ人にフィウメ市の通過許可証を発給している。

四一年三月、ユーゴスラビアで反枢軸クーデターが成功し、それに反対するドイツやイタリアが四月に軍事介入を始めた。クロアチアでは、「ウスタシャ」というファシズム政党が政権を奪取して、クロアチア独立国を建国する。ウスタシャはナチスと同様の人種政策を推し進めてユダヤ人を迫害した。数百人のユダヤ人が国境を越えてフィウメに逃れて来る。ところがパラトゥッチの上司は、入国した難民を強制的にゲットーに送り込み、あるいは入国を認めず国境で追い返した。それを見かねた彼は、数人のユダヤ難民を自分のオフィスの屋根裏部屋に匿った。さらにフィウメでの仮の居住許可書を与えて、ホロコーストから救った。くわえてパラトゥッチは、イタリアでも規制のゆるい南部地域に難民が逃れられるよう、長期の滞在許可書をねつ造し、逃亡のチャンスを与えている。それだけではなく、彼らを匿ってくれるようカンパーニア州で司教を務める伯父のジュゼッペに頼みこんだ。司教も博愛の精神から逃れてきたユダヤ人たちを受け入れ、支援に尽力した。

パラトゥッチは、逃亡を支援した他にも、フィウメ警察署に保管されていた管轄地在住の一万人ほどのユダヤ難民の書類を廃棄するよう手はずを整え、彼らに偽造滞在許可書を発給し、滞在費の支援まで行った。四三年九月にイタリアが三国同盟を離脱して連合国に降伏すると、フィウメはドイツによって占領された。独占領下でもパラトゥッチは極秘裏にユダヤ人支援を続け、レジスタンスとの関係を維持した。四四年九月、彼はゲシュタポに逮捕されて、トリエステで拷問を受けて自白を強要され、死刑を宣告された。後に減刑されてダッハウ強制収容所送りとなったが、連合軍によって解放される二か月前の四五年二月に同収容所内で帰らぬ人となった。

戦後パラトゥッチは、ユダヤ人への人道的な活動を評価されて、「イタリアのシンドラー」とも称された。ところが二〇一三年、彼の善行に疑問符を投げつける記事が『ニューヨーク・タイムズ』に掲載された。それによると伯父のジュゼッペ司教は、弟であるジョバンニの父が、息子の遺族年金を受け取れるようにするため、善行をねつ造したというのだ。さらに四〇年代前半のフィウメには二～三千名しかユダヤ人が居住していなかったにもかかわらず、五千名以上を救出するなど不可能だとも批判されている。今後の展開が注目される。

# 27　アプヴェーア（独国防軍情報部）を利用した出国偽装工作

**ハンス・フォン＝ドホナーニ**　Hans von Dohnanyi 1902-45 ……………… **ドイツ**

音楽家一家であるハンガリー貴族の長男としてウィーンに生まれる。ベルリン大学法学博士。独法務省官房長、最高裁判事。国防軍情報部文民顧問。反ナチス活動に参加。ユダヤ人出国偽装工作に従事。四三年軍務違反で逮捕。四五年四月ヒトラー暗殺計画参加のかどで絞首刑。二〇〇三年「有徳の人」受賞、顕彰碑。

ハンス・フォン＝ドホナーニは、ハンガリー貴族で指揮者・作曲家の父、ピアニストの母の長男としてウィーンに生まれた四分の一ユダヤ人である。家族でベルリンに引っ越し、名門グリューネヴァルト・ギムナジウムを卒業する。同級生に、将来の妻となるベルリン大学精神病理学教授カール・ボンフェッファーの娘クリスティーネがいた。義弟には、プロテスタントの牧師で高名な神学者となるディートリヒがおり、後に一緒に反ナチス運動に参加する。ドホナーニはベルリン大学法学部に入学して、二四年に判事補に任官し、二六年に博士号を取得した。二九年には法相秘書官に抜擢され、ドイツ刑罰改革を推進し、三四年に法務省官房長に任命される。ナチスが権力掌握後ユダヤ人の排斥など独法務体系の根本を揺るがす施策を次々と打ち出し、それに反対する法学者たちの職を奪ったため、彼はエリート法務官僚としてヒトラーへの嫌悪感を増幅させた。将来ナチス政権が転覆することを予見し、彼らを訴追するための証拠集めに余念がなかった。ところが法務省内の親ナチス分子が、ユダヤ人の血が混じっているとして追い落としを図ったことにより、三八年に彼は若干三七歳で最高裁判事に転出させられる。さすがのゲシュタポでも最高裁には手を出せなかろうという法相の配慮であった。

国防軍の中にもナチスの横暴を忌み嫌うグループが存在した。最高司令部で対外諜報を担うアプヴェーア長官ヴィルヘルム・カナーリス提督とその一派は、水面下でヒトラー打倒を画策していた。ドホナーニもカナーリスから声をかけられて三九年に情報部文民顧問に任命され、反ナチス活動に傾倒していく。彼が特に力を注いだのは、ナチスによる反ユダヤ政策の先鋭化を事前に察知して警鐘を鳴らすことだった。四一年秋、尊敬するユダヤ人法律家の逮捕が差し迫っているという情報を入手すると、カナーリスの権限を利用して逮捕を妨害した。しかしユダヤ人排斥の圧力が強まるベルリンで、いつまでも庇い続けることはできない。四二年春に彼は、法律家をアプヴェーアの密使に仕立てて、その家族ともども中立国へ逃亡させるという名案を思いつく。具体的にはユダヤ人家族をまずスイスに送り出し、そこから連合国に関する情報収集が容易な南米に向かわせ、金持ちの難民に見せかけてスパイ活動をさせるという筋書きだった。カナーリスは計画を承諾する一方で、クリスチャンである二分の一ユダヤ人家族の追加を要請し、義弟ディートリヒの知り合いの教会関係者までが加えられた。どうみても密使グループが総勢で一四名になるのは不自然であったため、ドホナーニはカナーリスを介して親衛隊全国指導者ハインリヒ・ヒムラーからスイスへの出国許可を得るなど、周到に準備する。ただしスイス側も逃れて

義弟ディートリヒ・ボンフェッファー

アプヴェーア長官ヴィルヘルム・カナーリス

きたユダヤ人難民が国中にあふれかえるのを極度に恐れており、彼らの入国審査に際して国境で厳しい条件を科していた。各人がスイスで数年間も滞在できるだけの金額を用意しなければ入国許可は下りない。彼は、アプヴェーアにおいて諜報経費という名目で密かにプールしていた反ナチス活動資金の中から、莫大な額を割いてグループに現金で手渡した。しかし違法な資金提供が発覚するのを恐れて、彼はその穴埋めも画策する。三〇年代後半に凍結されたユダヤ人の個人資産を、各人の了解の下に機密工作に利用してもよいという書類を作り、巧妙に資産凍結を解除させてアプヴェーアでの粉飾を隠蔽した。四二年九月末、一四名は無事にベルリンからスイスへ出国することに成功した。

ユダヤ人をエージェントに仕立てる、一〇人以上を一度に出国させる、不用意にユダヤ資産凍結を解除させるなど、ドホナーニの動きには不正の臭いがただよう。国防軍でインテリジェンスを担うアプヴェーアは、外国で秘密工作の糸を引くなどさまざまな不法行為に従事していた。職員の中には諜報資金の不透明な流れに対してかすかな臭気も嗅ぎ分けられる者が少なくない。当然のことながらユダヤ人差別を肯定する親ナチス分子も含まれている。組織内でこうした分子からの突き上げをかわすことができず、ドホナーニへの徹底的な調査が不可避となった。四三年四月、カナーリスの面前でドホナーニと妻クリスティーネ、そして義弟ディートリヒ・ボンフェッファーが逮捕される。当初はドホナーニ個人の汚職という線で取り調べが行われたが、元最高裁判事の巧妙な隠蔽工作の前に、立件できるほどの証拠がそろえられなかった。しかしスイス

ドホナーニと妻クリスティーネ

に潜入させたエージェントが情報収集活動をした形跡が見られず、南米にすら向かっていないという不可思議な事実が判明する。さらにアプヴェーアが何度もユダヤ人法律家の逮捕を妨害したことまで発覚した。だがドホナーニは厳しい追及にも屈せず、口を割らなかった。一年が過ぎても起訴まで持ち込めなかったため、担当の軍務検察官は更迭され、再び一から取り調べが始められた。

四四年七月二〇日、国防軍最高司令部の有志によるヒトラー暗殺計画が失敗に終わり、首謀者は即座に銃殺された。カナーリスも逮捕されてしまい、ドホナーニは後ろ盾を失い、ザクセンハウゼン強制収容所に送られて拘禁された。法務省時代に自ら作成しアプヴェーアの隠し金庫に入れておいたナチス訴追資料が摘発され、彼は拷問を受けて仲間の存在を自白するよう強要された。彼は差し入れの食料に義父からもらった伝染病の病原菌を混入するよう妻に依頼し、チフスになって国立病院の感染病棟に移される。そこで義父の友人から手当を受けて体を休めた。

ベルリン中心部のティアガルテン公園にあったベンドラーブロック。この建物にアプヴェーアが入っており、ここでカナーリスやドホナーニが、反ナチス抵抗運動を画策した。ヒトラー暗殺が計画された場所でもある。

しかし、少し回復するとすぐに強制収容所に送り返され、またもや虐待を受ける。四五年四月六日、ヒトラーの命令によりドホナーニは絞首刑に処せられた。二日後、プロテスタントの一派告白教会でナチスと闘った義弟のディートリヒも、カナーリスのグループと共に刑場の露と消える。それから三週間後にベルリンが連合軍に包囲され、ヒトラーは防空壕の中で自ら命を絶った。五月八日にドイツが降伏し、ヨーロッパでの戦争は終わった。

# 28 アンネ・フランクを助けた人々

**ヨハンネス・クレイマン** Johannes Kleiman 1896-1959……**オランダ**

オランダ北部のコーホ・アーン・ド・ザーン生。三三年にオペクタ商会入社。オットーの信頼が篤く、三八年にソーセージ用香辛料のペクタコン商会設立時に監査役に就任。フランク一家の隠れ家生活の問題解決係。四四年八月の逮捕後、体調不良で解放。七二年「有徳の人」受賞、顕彰碑。

**ヴィクトール・クーフレル** Victor Kugler 1900-81……**オランダ**

オーストリア＝ハンガリー帝国のホーエンエルベ（現在、チェコのヴルフラビー）生。二〇年にオランダのユトレヒトに移住し電気技師として働く。オペクタ商会に入社して取締役就任。三八年オランダ国籍を取得。戦後オットーとペクタコン商会の経営に参画、五五年カナダに移住。七二年「有徳の人」受賞、植樹。

**ミープ・ヒース** Hermine "Miep" Gies 1909-2010……**オランダ**

ウィーン生。本名はヘルミーネ・ザントロシェッツ、第一次大戦後オランダ人養父母に引き取られ、名前もミープと呼ばれる。高校を卒業後、繊維会社の事務員として働き、三三年オペクタ商会庶務係として勤務。四一年にヤンと結婚。七二年「有徳の人」受賞、植樹。

**ヤン・ヒース** Jan Gies 1905-93……**オランダ**

アムステルダム生。ミープと同じ繊維会社で働いた後、ソーシャル・ワーカーとしてアムステルダム市役所社会福祉局に転職。ナチスの反ユダヤ政策に反発してレジスタンス運動に参加オペクタ商会の名義をヤン・ヒース商会と変更するのに協力。戦後フランク一家の消息調査に尽力。七二年「有徳の人」受賞、植樹。

**ベップ・フォスキュイル** Elisabeth "Bep" Voskuijl 1919-83……**オランダ**

アムステルダム生。本名はエリザベス、通称ベップ。小学校卒業後メイドとして働く。三七年にタイピストとしてオペクタ商会入社。四六年結婚、翌年オペクタ商会を退社。五九年に「『アンネの日記』ねつ造説」に反論する裁判では証言台に立つ。七二年「有徳の人」受賞、顕彰碑。

アンネ・フランク

「親愛なるキティーへ」ではじまる『アンネの日記』の著者アンネ・フランクは、一九四二年六月一二日、一三歳の誕生日に両親から日記をプレゼントされた。才に溢れる彼女は、日記を擬人化してそこに手紙を書くという形で日々のできごとを綴っていった。一か月後の七月六日、彼女の運命は暗転する。四〇年五月ドイツに占領されたオランダにおいてホロコーストの迫害から逃れるため、フランク一家は身を隠すことを決断した。アムステルダム市プリンセン運河沿いのプリンセンフラハト二六三番地にある、父オットーの興したジャム保存料ペクチンの会社オペクタ商会の事務所の隠し部屋に入り、父、母エーディト、姉マルゴーとともに隠れ家生活を開始した。一家族だけではない。会社の経営に参画しているヘルマンとアウグステ・ファン・ヴェルス夫妻と息子のペーター、そして歯科医のフリッツ・フェファーも狭い隠れ家で生活を共にする。ユダヤ人八名による困難な共同生活がはじまった。

もちろん彼らは毎日食事をしなければならない。朝はオートミール、夕飯は野菜を盛りつけジャガイモ・肉を料理して、食後にコーヒーや紅茶を飲みケーキを食べる。パンとバターは必需品であり、チーズとソーセージも欠かせない。新聞や本を読み、誕生日にはお互いにプレゼントを贈り合

アムステルダム市プリンセン運河沿いのプリンセンフラハト 263 番地にあるアンネ・フランクの家（左）と博物館（右）

う。アンネは映画雑誌がお気に入りだ。お風呂はないが行水をしてトイレに入り、食器を洗い洗濯もする。様々な日用品も必要だろう。伸び盛りのアンネのために下着・服・靴なども調達する。八人が毎日消費するため食料もかなりの量となる。冷蔵庫など無い時代のため、夏はバターが溶けてパンは黴びる。猫のおしっこなどで部屋は相当な臭いだったはずである。平日の昼間は階下で従業員が働いているため大きな物音は立てられない。彼らが隠れ家の三階・四階・屋根裏部屋から解放され、二階の事務室でのんびりできるのは、従業員の帰った夜間と休日だけである。とはいえ彼らは事務所の外に出て買い物もできない。複数の支援者がいなければ隠れ家生活は不可能だった。

フランク一家を支えたのがオットーの信頼するオペクタ商会の従業員である。温厚で清廉潔白なヨハンネス・クレイマンは監査役を務めており、突発的なできごとにも慌てずに対応する。毎週末に図書館から何冊も本を借りて彼らに届けている。オットーから会社の経営を任されたヴィクトール・クーフレ

アンネ・フランクの家の本棚の裏にある隠れ家への入り口。ベップの父ヨハンがこの隠し本棚を作った。

ルは、社長室に陣取って隠れ家の入り口にだれも近づけさせなかった。八人分の生活費を密かに会社の売り上げから工面する。ミープ・ヒースとベップ・フォスキュイルは物資調達係である。住人たちから要望を聞いて、仕事の後に毎日買い物をした。ただし戦時下のオランダでは食料不足が深刻であり、彼女たちは闇で配給切符を手に入れ、長い列に並んで隠れ家まではこぶ。ミープの夫ヤンは、占領下のオランダ・レジスタンス運動を支援しており、オットーと気が合い、妻の活動にも協力的だ。

アンネは支援者たちへの深い感謝の念を四四年一月二八日の日記に記している。「これまでわたしたちが生きのびてこられたのも、ひとえにこの人たちのおかげですし、どうかこれからもわたしたちを支えて、ぶじに安全の地まで到達させてくれるように祈りたいものです。……わたしたちの存在は、きっとたいへんな重荷になっているのにちがいないのに、この人たちの口から、そういう愚痴は一言たりとも聞かれませんし、わたしたちのかけているさまざまな迷惑についても、不平をこぼすのを聞いたことがありません。……この恩は、けっして忘れてはならないと思います。戦場でも、ドイツへの抵抗運動でも、勇敢に戦っている人たちはほかにも大勢いますけど、わたしたちを支えてくれているこの人たちは、その快活さと誠意によって、またとないヒロイズムを発揮しているのです」。

四四年八月四日、密告を受けたドイツ秘密警察が事務所に踏み込み、ユダヤ人八名と協力者のクレイマンとクーフレルを逮捕した。女性であるミープとベップは難を逃れた。二人はもぬけの殻となった隠し部屋で散乱するアンネの日記を発見する。拾い集めてミープが保管することになった。ミープは秘密警察に赴き、大胆にも賄賂を提示してみんなの解放を願い出た。この工作は成功せず、九月中旬クレイマンとクーフレルは、ドイツ国境に近いアメルスフォールト警察通過収容所に移送された。体調を崩したクレイマンはすぐに釈放されるが、クーフレルは収容所で強制労働を課せられた。四五年三月末、クーフレルは収容所を脱走して、アムステルダムに戻ることができた。ユダヤ人八人はポーランド南部アウシュヴィッツに移送され、ガス室送りとなるか強制労働収容所を転々とさせられるかに分かれた。母エーディト、ファン・ヴェルス一家の三人、フェファー医師は、過酷な環境に耐えられず、次々と収容所の露と消える。アンネとマルゴーもドイツにあるベルゲン・ベルゼン収容所に送られ、解放直前の四五年三月ごろチフスと栄養失調で不帰の客となった。

唯一生き残った父オットーは、四五年一月末にソ連に接収されたアウシュヴィッツで解放された後、六月初めにアムステルダムに戻った。ヒース夫妻の家に身を寄せ、必死に妻や子供たちの消息を調べた。

オットー・フランク

七月に家族三人の運命が判明すると、ミープからアンネの遺品である日記を受け取る。解放後に日記の出版を願っていた「お父さん娘《こ》」の遺志を継いで、彼は草稿を作って版元を探した。それがオランダ人歴史学者の目にとまり、四七年に初版が出版された。世界中で反響を呼んで数十か国語に翻訳され、映画や演劇にもなる。あまりにも上手に書けている日記に真贋論争が巻き起こったため、オットーは法廷闘争までして娘の記録の信憑性を証明した。老朽化した隠れ家を後世に残す試みも実現し、六〇年にアンネ・フランク・ハウスが博物館として公開されて今日に至っている。

なぜ五人は自らの危険も顧みずフランク一家を助けたのだろうか。後年ミープは、フランク一家の潜伏直前にオットーから支援依頼があったとき、当然のごとく協力を約束したと語っている。もちろんオットーが日頃から従業員と良好な関係を築いていたことが支援を受ける素地となっていたものの、フランク一家との家族ぐるみの付き合いが、彼女の心を突き動かした。

「じゃあまた、アンネより」で終わる日記の陰に隠れた五人の捨て身の尽力を、わたしたちはあらためて思い出す必要があろう。

# 29 アウシュヴィッツで人体実験を拒否した女性医師

**アデライド・オーヴァル** Adélaïde Hautval 1906-88……フランス

仏アルザスのル・オーヴァル生まれ。ストラスブール大学医学部卒の精神科医。仏国内で独占領軍に逮捕され、四三年にビルケナウで囚人医師となる。アウシュヴィッツでの人体実験への協力を拒否。四五年四月末に解放。六五年「有徳の人」受賞、植樹。ストラスブール大医学部に彼女の名を冠した通りがある。

映画「栄光への脱出」の原作『エクソダス』で名誉を毀損されたとして、アウシュヴィッツで囚人医師だったヴワディスワフ・デーリングが、六二年にイギリスで著者レオン・ユーリスに対して訴訟を起こした。デーリングは、X線照射による不妊の実験データを集めるため、親衛隊医師に強制されて麻酔なしでユダヤ人被験者の卵巣と睾丸を取り出した事実は認めたものの、拒否すると殺されたはずだと主張して自らの行為を正当化した。被告側証人として出廷したアデライド・オーヴァルは、彼女を含めて絶滅収容所の囚人医師の多くが理由をつけては非人道的な手術を拒否した、だが「私は今この証言台に立っている」と反論した。原告に慰謝料一・五ペンスを支払うという判決が下された。実質上のデーリング敗訴はさておき、オーヴァルの手術拒否の姿勢に注目が集まった。

四〇年五月にドイツ軍がライン川を越えてアルザス地方に侵攻してくると、オーヴァルは南仏に逃れ、そこで内科医として働いていた。ところが四二年になってドイツ占領地に残してきた母親が亡くなったという知らせを受ける。最愛の母の葬儀に出席するため、ヴィシー政権下の南仏から占領地へ旅行する許可を申請した。だが認可に時間がかかり、このままでは葬儀が終わってしまう。彼女は危険を承知の上、列車で占領地に向かった。案の定、潜り込みは失敗して独軍に逮捕され、仏中部ブルージュにある収容所に拘置された。そこには数百名のユダヤ人も収容されており、多くが病気に罹っていた。敬虔なプロテスタントのオーヴァルは、ユダヤ人への治療が必要だと親衛隊に抗議する。彼らはせせら笑いながら「それほどユダヤ人を守りたいのならば、おまえも運命を共にしろ」と言って、彼女の胸に「ユダヤの友」と書かれた黄色い紙をつけさせた。親衛隊は彼女の釈放を遅らせ、フランス国内の刑務所や収容所を転々とさせた。

オーヴァルは四三年一月にフランスからポーランドに送られ、ビルケナウ絶滅収容所でユダヤ人女性収容者と同じ施設に押し込まれた。劣悪な環境でチフスが蔓延しており、患者の隔離が必要だった。彼女は収容所長から囚人医師の身分を得て隔離に協力し、しかも患者に優しく声をかけ献身的に治療した。三か月後、アウシュヴィッツ収容所一〇番ブロックにある人体実験施設に移され、婦人科で不妊実験の手伝いを命じられた。子宮に焼灼剤を注入する、あるいは強力なX線を照射することによって、ユダヤ人女性を妊娠できなくさせるための実験である。「優生学の観点から必要な治験だ」と強制する親衛隊医師に対して、彼女は「その学問は疑わしく、私たちはアーリア人以外の人種の将来を奪う権利を有していない」と反論して、助手になることを拒否した。結局オーヴァルはビルケナウに戻され、なんら嫌がらせをされることなく診療所で患者の治療を任された。四四年夏に女性ばかりが収容されている北ドイツのラーフェンスブリュック強制収容所に移送され、四五年四月末にソ連軍によって解放された。

囚人医師は究極の選択を迫られる。自身が「労働に適さない」と診断すれば、その収容者はガス室送りとなった。この体験は心から一生消すことができないと戦後オーヴァルは苦しい心情を吐露している。

# 30 シンドラーのリスト

**オスカー・シンドラー** Oskar Schindler 1908-74 ……………… **ドイツ**
オーストリア・ハンガリー帝国領モラヴィア地方生まれのズデーテン・ドイツ人。三七年同地で独軍スパイとして活動。三八年ナチスの正式党員。三九年独占領下のクラクフでユダヤ人を使って軍需品を製造。工場のユダヤ人を救う。六二年、植樹。一九九三年妻エミーリエと共に「有徳の人」受賞。

**ユリウス・マドリチュ** Julius Madritsch 1906-84 ……………… **オーストリア**
ウィーン生まれの織物業のビジネスマン。四〇年にクラクフで没収されたユダヤ系繊維会社二社の管財人となる。四一年クラクフ・ゲットー内で縫製工場を稼働。四三年プワシュフ収容所内で縫製工場を稼働。シンドラーのリストに自らの工場労働者百名を記載させる。六四年「有徳の人」受賞、植樹。

アカデミー賞の栄冠に輝いたスティーブン・スピルバーグ監督の「シンドラーのリスト」（一九九三年）は衝撃的である。三時間を超える長編のほとんどが白黒映像で、ホロコーストの悲惨な光景が次々と映し出される。ポーランドの古都クラクフ南部にあるプワシュフ強制収容所のアーモン・ゲート所長が、何のためらいもなくユダヤ人を殺していく姿が目に焼き付いて離れない。映画の最後に白黒の映像がカラーになり、妻エミーリエそして助けられたユダヤ人とその子供たちがシンドラーの墓の上に小石を置くシーンが流れる。七四年一〇月九日に彼がドイツで息を引き取ると、フランクフルトで荘厳な葬儀が催され、遺骸はすぐにイスラエルに空輸された。映画のロケに使われた埋葬場所は、イェルサレム旧市街の西側「シオンの丘」のカトリック墓地である。

オスカー・シンドラーは、今日のチェコ東部モラヴィア地方で独語人口が多数を占めていたツヴィッタウ（チェコ語でスヴィタヴィ）で、オーストリアから移住してきた両親の間に生まれた。同地は第一次大戦後にチェコスロヴァキア領となった。二〇年代に青年期を迎えた彼は、少数民族の悲哀を感じながら同地で生活していた。当然のことながらドイツ愛国主義に傾倒し、三七年にはアプヴェーア（独国防軍情報部）のスパイとなった。一九三八年に同地を含むズデーテン地方がドイツに占領されると、シンドラーはナチスの正式な党員となる。三九年一〇月には、一獲千金を夢見て独占領下のポーランドの古都クラクフに行きつく。ユダヤ人経営の会社が次々と閉鎖されていく中、同市南部でユダヤ系ホーロー容器工場を安値で買収した。優秀なユダヤ人会計士イサーク・シュテルンの助言を得て、独軍用のホーロー鍋などの炊事用品の製造を手がける。四〇年には、コネと賄賂を使いながら国防軍関連の事業を受注して、市南部で三つの工場を経営する青年実業家となった。最盛期にはユダヤ人千名を含む一七〇〇名以上を雇用している。

四一年三月、クラクフ南部にゲットーが設置された。労働許可証を有するユダヤ人とその家族一万五千人だけが狭い居住スペースに押し込められ、それ以外は都市から放逐された。ゲットーの周囲には壁が構築され、許可なくユダヤ人は外出できない。狡猾なシンドラーは、賃金を低く抑えられたゲットーのユダヤ人を自らの工場で雇えるよう、賄賂をばらまき酒と女をあてがって独当局の高官を籠絡した。もちろん彼は特権的な生活と莫大な富を手

クラクフにあるシンドラーのホーロー工場、現在は博物館

に入れることができた。ところが四二年一月にバンゼー会議でユダヤ人問題の「最終的解決」が決められると、同年五月には多数のユダヤ人がクラクフ・ゲットーから絶滅収容所に移送されはじめた。ゲットー内での締め付けも厳しくなり、暴力の嵐が吹き荒れ、ユダヤ人の生活も困窮する。自らの利益を生み出すユダヤ人の命の灯火が脅かされるのを見て、シンドラーの心の片隅に「最終的解決」への疑念が生じた。工場で雇っているユダヤ人へ憐憫の情が芽生える。

商機を手にしたのはシンドラーだけではない。ウィーン生まれの繊維商ユリウス・マドリチュは、四〇年にクラクフで当局が没収したユダヤ系繊維工場二社の管財人となって、経営の立て直しをまかされた。彼も大量の軍用衣服を受注して、ゲットー内に縫製工場を作って没収された縫製機械を運び込んで生産を始めた。彼は一定の割合で利益を高官に還元し、ユダヤ人には賃金を払う代わりに、ゲットー内で不足する食料・衣料・薬品、その他の生活必需品を提供した。マドリチュは、日常的にゲットー内で繰り返されるユダヤ人虐待を黙視できず、自らの危険も顧みず警官を抱き込みユダヤ人の逃亡に手を貸した。

四三年三月に転機が訪れる。クラクフ・ゲットーが二日間で解体され、動けない者はその場で殺され、残りはプワシュフ強制収容所に収容されるか、アウシュヴィッツに送られた。シンドラーの手から安価な労働者が奪われてしまう。映画では彼が愛人と共に馬に乗って丘の上から悲壮な顔でゲットーの解体を眺めるシーンが映し出される。だが実際には事前に解体の情報を入手しており、解体前日にユダヤ人全員を自らの工場に留め置いて、解体終了まで一名も欠かさず守り抜いた。その後工場から二キロほど離れたプワシュフ収容所に連れていき、所長に熟練工だと告げて以後も同じユダヤ人をホーロー工場で働かせることを確約させた。女性や子供を含んだ収容者を毎日工場に連れてくると、厳しい労働はさせず、人道的にあつかった。

マドリチュの労働者も絶滅収容所送りを免れた。彼はプワシュフ収容所内に縫製工場を作り、同じ労働者を熟練工として働かせる許可を取る。二千名ものユダヤ人が彼の工場で働いた。収容所の環境はきわめて劣悪で、食事も十分に与えられなかったが、マドリチュは生産性を上げるという名目で自らの労働者には規定より増量された食事を与えている。

ソ連の反攻が急を告げる四四年九月、プワシュフ収容所も閉鎖されることになった。ナチスの悪行を隠蔽するため、収容中のユダヤ人は絶滅収容所に送られて露と消える運命にあった。シンドラーは、自らの工場をクラクフから出身地のモラヴィア地方ブリュンリッツ（現在はチェコのブルニェネツ）に移転することを計画し、ユダヤ人労働者も連れて行こうと画策する。単なる工場移転ではユダヤ人の移送が認められないため、強制収容所という形にして受け入れを準備する。男性八百名女性三百名の「シンドラーのリスト」を作成して、賄賂を使ってナチ高官に認めさせた。リストの作成の裏にマドリチュの救出劇も隠されていた。彼も同様の計画を所長に提案するが拒否されてしまう。やむをえず彼の労働者百名ほどをリストに含めてもらえるよう、シンドラーに頼み込んでいる。ところがリストに掲載されたユダヤ人を貨車に乗せて移送する際

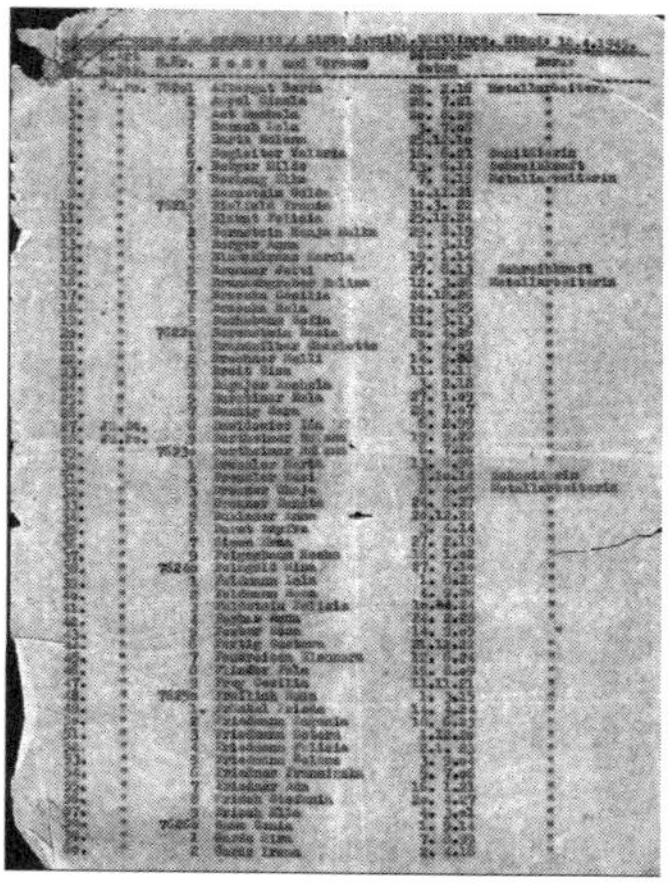

シンドラーのユダヤ人労働者リスト

に手違いが生じた。男性はグロース・ローゼン強制収容所（現在はポーランド領ロゴツニツァ）に、女性はアウシュヴィッツに送られてしまう。シンドラーは急いでグロース・ローゼン収容所に向かい、七百名をブリュンリッツに転送する。秘書をアウシュヴィッツに送って、高額な賄賂を払って女性たちも無事に絶滅収容所から救い出した。

シンドラーは名目上ブリュンリッツで軍需工場を運営するためユダヤ人を受け入れた。しかし自らがクラクフで手がけた炊事用品の製造ではなく、親衛隊の制服を作るというずさんな計画だった。工場だけでなくユダヤ人収容施設を自費で建設しなければならず、親衛隊による警備の費用まで賄う必要に迫られた。終戦間際で食糧事情がひっ迫する中、労働者のため日々の食糧の手配にも苦労する。莫大な出費を強いられながら、不慣れな新規事業のため十分な収入が得られない。四五年五月の終戦までに、クラクフで蓄えた富のすべてをブリュンリッツで吐き出すことになった。

シンドラーは終戦直前にドイツ南部のアメリカ占領地区に逃げ出した。戦後は命を救ったユダヤ人たちから支援をえてアルゼンチンに移住してあまたの事業を試みるが、戦時のような経営スタイルが受け入れられるはずもなく、ことごとく失敗してしまう。救ったユダヤ女性と愛人関係になるなど繰り返し、悪いうわさも絶えなかった。ところが六一年にイスラエルを訪れると命の恩人として熱烈な歓迎を受け、新たに創設される「有徳の人」の候補者にもなる。だがユダヤの富を搾取した背徳者だという厳しい批判を受け、六二年にヤド・ヴァシェームで植樹をしたものの、受賞は保留された。一方のマドリチュは六四年に栄誉を授かる。オスカーが妻エミーリエと共に「有徳の人」を受賞するのは、スピルバーグの映画が封切られる一九九三年まで待たねばならなかった。

# 31 ブダペスト――ホロコースト最大の救出劇

**カール・ルッツ** Carl Lutz 1895-1975 ……………… **スイス**

ベルン生。第一次大戦後アメリカ留学。外交官となり、ワシントンDC、フィラデルフィア、セントルイス勤務。英統治下のパレスチナ勤務時にドイツ系ユダヤ入植者保護に尽力。四二年からブダペスト副領事、四四年にユダヤ人救出。一九六四年「有徳の人」受賞、植樹。

**フリードリヒ・ボルン** Friedrich Born 1903-63 ……………… **スイス**

ベルン生。一九三六～四四年までスイス貿易振興センター勤務。四四年五月、赤十字国際委員会のブダペスト代表に就任。同市でのユダヤ人の窮状を目の当たりにして、ユダヤ人の子供の保護に尽力。八七年「有徳の人」受賞、植樹。

**ラオル・ヴァレンベリ（ワレンバーグ）** Raoul Wallenberg 1912-47 ……… **スウェーデン**

スウェーデンの高名な銀行家一族の一員。米ミシガン大学留学。南アフリカやパレスチナで銀行家修行。四四年米がハンガリーのユダヤ人救出を計画すると、派遣員に応募。ブダペストでユダヤ人救出に尽力。四五年一月失踪。四七年ソ連収容所で逝去。六三年「有徳の人」受賞、植樹。

**アンヘル・サンス＝ブリス** Ángel Sanz-Briz 1910-80 ……………… **スペイン**

四二年、スペイン公使館の一等書記官としてブダペストに赴任。四四年臨時代理公使に任命。セファラディームをスペイン出身のユダヤ人だとしてハンガリー政府に保護を要請。戦後、ニューヨーク総領事やスペインの国連大使を務める。六六年「有徳の人」受賞、顕彰碑。

**ジョルジオ・ペルラスカ** Giorgio Perlasca 1910-92 ……………… **イタリア**

ファシスト思想に共鳴し、三五年兵士としてエチオピア侵略戦争に参戦。三七年イタリア義勇軍の一員としてフランコ側に立ちスペイン内戦に従軍。除隊後、食品輸入会社に入社、四二年貿易商としてハンガリーで勤務。スペイン公使館員として、ユダヤ人救出。八八年「有徳の人」受賞、植樹。

**アンジェロ・ロッタ** Angelo Rotta 1872-1965 ……………… **イタリア**

ミラノ生。九五年司祭に叙階。一九三〇年ローマ教皇庁大使としてハンガリーに赴任、一五年間ブダペストに駐在。第二次大戦中在ハンガリー外交団長を務める。同地でカトリックに改宗したユダヤ人の救出に尽力。九七年「有徳の人」受賞、顕彰碑。

**サラ・サルカハージ** Sára Salkaházi 1899-1944 ……………… **ハンガリー**

一九二〇年代にハンガリーで創設された社会奉仕修道女会の修道女。四三年にはカッサ（現在はスロヴァキアのコシッェ）でユダヤ人家族を匿う。四四年にブダペストに移り、同修道女会の保護施設でユダヤ人を匿う。矢十字党によって銃殺。九六年「有徳の人」受賞、植樹。

四一年六月に独ソ戦が始まるとハンガリーも枢軸国としてドイツと協力してソ連と戦った。ところが四三年一月のスターリングラードの戦い以降ドイツ軍が劣勢に陥ると、ハンガリーはドイツと距離を置くようになる。ハンガリー政府によって秘密裏にすすめられていた連合国との休戦交渉が発覚すると、四四年三月一九日にドイツは同国を無血占領して親独政権を打ち立てた。二〇年に建国されたハンガリー王国（国王不在）では、摂政ミクローシュ・ホルティが国内にかかえるユダヤ人八二万人（全人口の六・五％）を保護してきた。だが傀儡政権はドイツへの労働者貸与という名目でユダヤ人のアウシュヴィッツへの移送を早急に始める。首都ブダペスト以外に住むユダヤ人四十数万人が、三か月ほどの間に絶滅収容所に送られて不帰の客となった。同年七月ソ連による東欧への反攻が急を告げる中、ブダペストに住む二〇万人以上のユダヤ人にも飢えと移送の危機が迫っていた。ホルティは中立諸国の外交団から非難を受けてユダヤ人移送を延期させ、一〇月一五日に傀儡政権を排除して連合国に一方的な停戦を宣言した。ところが同日、独軍の支援を受けた親ナチスの矢十字党がクーデタに訴え、ホルティを権

力の座から引きずり下ろす。同党は首都在住ユダヤ人に、指定した建物にのみ住むことを命じた。指定された建物の集まるペスト地区の「中央ゲットー」や、中立国が管理する「国際ゲットー」は、ワルシャワ・ゲットーのように周囲を塀で囲まれた場所ではなく、外部との往来が可能だった。矢十字党は検閲と称してゲットーの建物に押し入り、ユダヤ人を虐待して殺人まで犯す。独占領軍も赤軍からの首都防衛に必要だとして、ユダヤ人四万人を徴発して過酷な労働を強いる。さらに一一月半ばの荒天の中、彼らを強制労働のためオーストリア国境まで一七〇キロ以上も行進させた。多くの者が疲労と空腹で命を落としている。四五年一月にソ連によって首都が解放されるまで生き延びたユダヤ人は一二万人に過ぎない。そのブダペストで多くの外交官がユダヤ人救出に尽力した。

四四年春、カール・ルッツは中立国スイスの在ブダペスト副領事を務めていた。三月一九日にハンガリーが独軍によって占領されると、迫害を恐れたユダヤ人は中立を宣言した南米諸国の外交代表部を兼ねるスイス領事館を訪れ、中立国への入国ヴィザの発給を求めた。ドナウ川西側のペスト地区にある「グラス・ハウス」と呼ばれるガラス張りのモダンな領事館の周りには、多くのユダヤ人が集まってきた。窮状を察したルッツは、七千名をパレスチナへ移住させる計画を立案し、家族も含めた数万人分の膨大なリストを作り、集団ヴィザ（千名のグループが一括して入国できる査証）の作成を始める。当時パレスチナはイギリスの委任統治下にあり、スイスは英国権益も代理していた。ただしイギリスはユダヤ人のパレスチナ入植を厳しく制限していたため、現実にはヴィザの発給は容易ではない。ところがルッツは、六月末までにイギリスや本国政府の承認を得ずに、かってに出国先をパレスチナと記して、傀儡政権の了解を受けてヴィザを発給してしまう。隣国ルーマニアの通過ヴィザまでユダヤ人に取得さ

ペスト地区にあるグラス・ハウス（スイス領事館）の前で保護証書の発給を待つユダヤ人たち

せた。ただしバルカン半島の鉄道網を実質的に支配するドイツが、八月半ば鉄道によるルーマニア出国を却下した。そこで領事は、出国が可能となるまで生命の危険や強制労働から彼らを保護できるスイス政府の「保護証書」を発給する。発給されたヴィザと証書は四万人分にものぼる。

一〇月半ば矢十字党による恐怖政治が始まると、ルッツはユダヤ人を守るため、保護証書の効力を認めさせようと新政権と交渉を始める。彼が提案したのは、永世中立国スイスが新政権を承認するよう便宜を図るという条件だった。だが本国は新政権の承認を拒み、クーデタに抗議して全権公使を帰国させてしまう。そこで彼は保護証書を有するユダヤ人に手を出さなければ、スイス政府に好意的に解釈されて新政権の承認につながると訴えた。矢十字党政権は、一一月ペスト地区のユダヤ人居住区に「国際ゲットー」を作り、中立諸国発給の保護証書を有するユダヤ人の滞在を認めて、安全を保証すると約束した。ルッツはブダ地区にある公使館と協力して、ゲットー予定地にスイス政府名義でビル二五棟を借り上げ、保護下にあるユダヤ人を住まわせた。その後も保護施設を拡充し、平和が戻るまでに七八〇〇名ものユダヤ人をホロコーストから守り抜いた。

独ソ戦勃発以降のユダヤ人大量虐殺は巧妙に隠蔽されていたとはいえ、四四年春までには事実が暴露され、四百万人以上のユダヤ人をかかえるアメリカでも懸念が拡大した。しかしまだ北フランスに第二戦線は構築されておらず、アメリカは直接ハンガリーに救いの手を伸ばすことができない。そこで同国で死の危険にさらされているユダヤ人を救出するため、四四年五月半ばもう一つの中立国スウェーデンに支援を依頼した。一方ブダペストでは、傀儡政権の樹立以降に身の危険を感じて中立国へ亡命を希望する人々が、ヴィザを求めてスウェーデン公使館に押し寄せていた。対応する人員が不足しており、本国に増員を求めてくる。ストックホルムの外務省は米公使の推薦を受けて、ハンガリーやパレスチナを訪れたことがある若きラウル・ヴァレンベリに白羽の矢を立てた。ヴァレンベリの任務が危険と困難を伴うことにかんがみ、スウェーデン政府は彼に、不逮捕特権を有する外交官の地位を付与し、アメリカから供与される支援金の自由裁量権まで認めた。七月はじめ、彼は救うべきユダヤ人のリストを携えてブダペストに列車で向かった。彼が到着したころ、現地の公使館スタッフもできるかぎりの努力をしていた。リスト上のユダヤ人にスウェーデン臨時パスポートを発給し、封印列車でハンガリーからドイツ経由で本国まで移送しようとナチス側と交渉を続けていた。だが通過許可が下りないまま時だけが過ぎていく。

一〇月半ば矢十字党のクーデタによって、ブダペストのユダヤ人に対する脅威が極限に達した。ヴァレンベリは資金力にものを言わせて三〇棟以上のアパートを借り上げ、スウェーデンの保護施設に指定して、官憲の立ち入りを拒否した。彼らへの食事や医療を提供して安全を保証するためにコック・医

スウェーデン公使館発行の保護証書 Schutz Pass

者・警備員を含む三百名以上のスタッフを雇っている。さらにスイスや国際赤十字と協力してペスト地区に「国際ゲットー」を創設して、外交特権で守られている地区だとハンガリー政府に認めさせた。だがブダペストのユダヤ人の一〇分の一しか収容できない。多くのユダヤ人が住む「中央ゲットー」では四万人もが徴発され、極寒の中でオーストリア国境まで「死の行進」をさせられた。ヴァレンベリは途中の村まで出向いて、行進中のユダヤ人に保護証書を配って隊列から離脱させる。官憲に命じて千名をブダペストまで列車で送り返させた。こうした行為は矢十字党の逆鱗に触れ、公使館が破壊されヴァレンベリも生命の危険にさらされる。混乱の中で外交特権の行使が困難になっても、四五年一月半ばにペスト地区がソ連軍に占領されるまで、彼は救援活動を続けた。スウェーデン外交団によって四五〇〇名が生き延びることができた。

一九世紀半ばにアンリ・デュナンによって創設された赤十字国際委員会も、傍観していたわけではない。四四年五月に同委員会ブダペスト事務所の代表に就任したフリードリヒ・ボルンは、ユダヤ人が独傀儡政権によって居住地域を制限されて食料供給も妨げられ、暴力に苦しんでいるのを見て、子供たちだけでも保護しようと動き出した。一〇月半ばのクーデタ以降、彼はユダヤ人協議会やプロテスタント教会の支援を得て特別部局を創設して協力者を募り、市内の多数の病院・社会福祉施設・商店を国際赤十字の保護施設に指定した。子供の避難所を準備して、ユダヤ人居住区へ食料・薬・燃料などの不足物資を提供し、暴漢に対する警護を申し出た。一一月半ばの「死の行進」に際しては、協力者を派遣して国際赤十字の保護証書を手渡して、多くのユダヤ人を救っている。ボルンの救ったユダヤ人は子供が中心で六千人ほどだったと言われている。

四四年一〇月半ば以降に矢十字党の恐怖政治が始まると、スペイン出身を主張するユダヤ人（セファルディーム）を保護できないかと、スペイン政府はブダペストの公使館に問い合わせてきた。同年夏から臨時代理公使を務めるアンヘル・サンス＝ブリスは、本国に対してスペイン出身を証明できる書類発給の許可を求めた。承諾が得られるや、サンス＝ブリスはユダヤ人二百人をスペイン公使館の保護下に置くとハンガリー政府に通告して、認めさせた。すぐさま彼はカール・ルッツにならって二百人を二百家族と水増しし、スペイン出身かどうかを問わずに二千通もの保護証書を配布した。ユダヤ人二五〇名にはスペイン・パスポートまで発給している。くわえて多くのユダヤ人滞在施設に「スペイン公使館治外法権施設」という看板と同国国旗を掲げ、ハンガリー側に手を出さないよう要請した。サンス＝ブリスは赤軍のブダペスト接近に伴い、本国から退去命令を受けて、一二月半ばにブダペストを離れた。

一二月からスペイン公使館の活動を引き継いだのが、イタリア人のジョルジオ・ペルラスカである。四四年三月にハンガリーで親独政権が誕生すると、反独感情を有するペルラスカは同国内の収容所に収監されてしまう。同年一〇月半ばに収容所から逃亡してブダペストのスペイン公使館に助けを求めた。臨時代理公使のサンス＝ブリスは、スペイン内戦時に義勇兵としてフランコ側に従軍した経験をペルラスカから聞くと、中立国の市民権を保持していれば逮捕を免れられるため、彼にスペインのパスポートを発給した。くわえて臨時代理公使は、公使館の職員に加わって保護施設に居住するユダヤ人を守る仕事を手伝うよう勧めた。というのも矢十字党の支持者がスペインの保護施設に入り込んで、ユダヤ人に暴虐の限りをつくしていたため、たえず公使館員が見張っている必要があったからである。一二月にサンス＝ブリスが首都を退去すると、外交官でないにもかかわらず、ペルラスカに公使館の権能がすべ

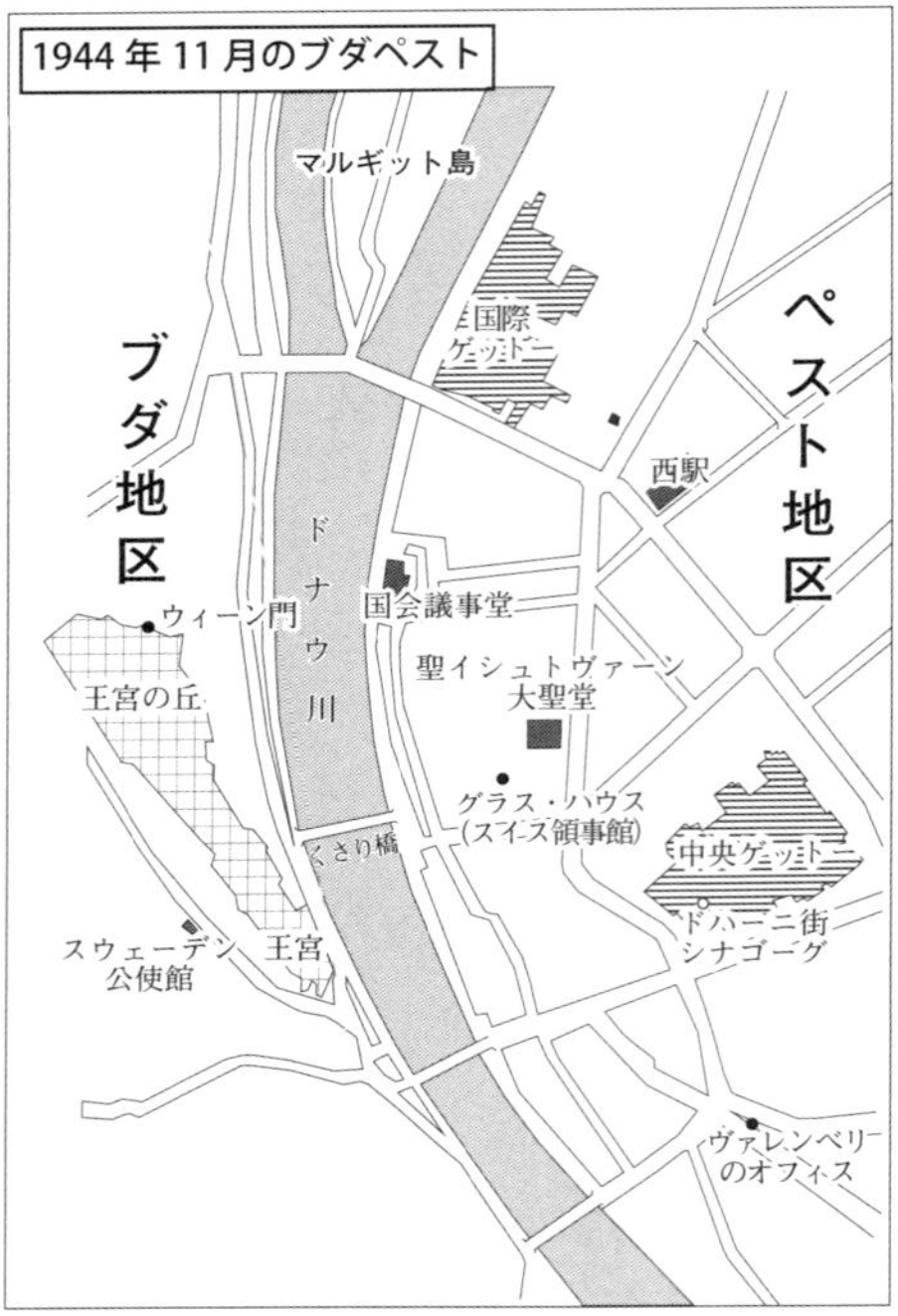


て委ねられた。保護施設に暴漢が押し入ると、彼はあたかも領事のように威厳をもって振る舞い、暴力を押しとどめて彼らを追い返した。またペルラスカは、ユダヤ人の保有するスペインの保護証書を尊重するよう、ハンガリー外務次官に掛け合って受け入れさせた。ソ連軍の侵攻にともない大混乱に陥った首都において、四四年末から四五年一月にかけて、自らの身の危険を顧みず数百名のユダヤ人の命を救った。

ローマ教皇庁大使のアンジェロ・ロッタは、第二次大戦中ハンガリー駐在の全外交使節団の代表を務めていた。四四年三月にユダヤ人の国外移送が始まると、ロッタは、スイス・スウェーデン・スペインの外交使節を代表して、摂政のホルティに懸念を表明した。特に彼が憂慮したのは、カトリックに改宗したユダヤ人も、ドイツの規定に従い移送の対象とされていたからである。大使はカトリック信者を保護するのは教皇の意思であると主張して政府に移送停止を求め、七月初旬にホルティに取りやめさせた。だが一〇月半ばのクーデタ以降、再びホロコーストの嵐が吹き荒れた。ロッタは、数千枚のバチカンの保護証書を神学生に配らせ、「死の行進」中のユダヤ人を多数救い出した。またゲットーでの暴力を止

めさせるため中立国外交団を率いて矢十字党に嘆願書を送りつけた。大使は、壮絶な市街戦が続く中でもブダペストを退去せず、ソ連が首都を陥落させる四五年二月まで大使館にとどまった。ロッタが救ったユダヤ人は二五〇〇名ほどである。

ヴァレンベリは、四五年一月半ばにソ連占領軍司令部を訪れたのを最後に失踪した。以後スウェーデン政府は何度もソ連側に彼の消息を問い合わせたが、まともな返事は帰ってこなかった。ペレストロイカによってソ連の情報公開が始まった八九年、やっとその運命が明らかとなる。アメリカのスパイとみなされて投獄され、四七年に天に召されていた。ほとんどの中立国外交官は危険な目にあったとはいえ、どうにか生還することができた。ただし彼らと力をあわせたハンガリー人協力者の中には命を落とした者もいる。たとえば修道女のサラ・サルカハージは、ブダペストの女子修道会が運営する保護施設でユダヤ人を匿っていた。ところが四四年一二月末、密告を受けて矢十字党員が保護施設に踏み込み、ユダヤ人の持つ偽造保護証書を見破った。ユダヤ人たちと施設を管理するサルカハージは、ドナウ河畔まで引きずり出され、全員が銃殺されて川に投げ捨てられた。矢十字党は献身的な修道女を手にかけるほど凶暴で手の付けられない連中である。

ブダペストでのユダヤ人救出に尽力した外交官あるいは外交官扱いは、スイス・スウェーデン・スペイン・ポルトガル・ポーランド・エルサルバドル・国際赤十字・バチカンに属する一八名にのぼった。外交官を支援してユダヤ人を助け、現地のハンガリー人も四〇名ほどが「有徳の人」を受賞している。救われたユダヤ人は、ホロコースト中で最大の二万五千人に及ぶ。

# 32 白バス救援隊——断末魔の第三帝国から収容者を救い出せ

**フォルケ・バーナドット** Folke Bernadotte 1895-1948 ……**スウェーデン**

ストックホルム生。スウェーデン王グスタフ五世の甥でヴィスボリ伯爵。第二次大戦中スウェーデン赤十字副総裁としてユダヤ人救出に尽力。四五年春ドイツと連合国の和平交渉を仲介するが不成立。四八年、国連安保理パレスチナ調停のためイスラエル訪問時に暗殺。「有徳の人」未受賞。

**ニルス・C・ディートレフ** Niels C. Ditleff 1881-1956 ……**ノルウェー**

ノルウェー南部ラルヴィク生。海軍士官学校卒業、外務省に勤務。ポーランド＝チェコスロヴァキア・ルーマニア・フィンランド大使を歴任。独によるノルウェー占領中はストックホルムに逃れて自国公使館で捕虜救援活動に従事。「有徳の人」未受賞。

一九四四年夏、ドイツの劣勢は明らかとなり第二次大戦の終結も視野に入ってきた。連合軍が東西からドイツに侵攻していくと、終戦直前の大混乱の中で独国内の収容所に捕らえられた捕虜や難民が、食事や医療も与えられず絶体絶命の状況に追い込まれるのは容易に予想できた。そうなる前にノルウェー人やデンマーク人収容者を救出しようという計画が、亡命外交官ニルス・C・ディートレフを中心にストックホルムのノルウェー公使館で練られた。ちなみに四四年一〇月にドイツに収容されていたノルウェー人は一万人以上、デンマーク人は六千名ほどである。彼は密かにスウェーデン赤十字副総裁のフォルケ・バーナドットに計画案を打ち明けて同意を取り付け、四四年一一月末に同国外務省へ支援を依頼した。だがスウェーデン政府はすぐには動かない。ディートレフはロンドンのノルウェー亡命政府に掛け合い、再度スウェーデンへ正規の外交ルートで支援を求めた。四五年二月一〇日スウェーデン政府は重い腰を上げ、バーナドットのベルリン派遣を了承する。

実はオスロ駐在のスウェーデン総領事からの情報が四四年一一月にストックホルムにもたらされていた。ヒトラーは終戦前に強制収容所すべてを消し去って大量虐殺の証拠隠滅を図っており、収容者全員を「最終処分」するというのである。また外務省はアメリカを含む連合国や各国のユダヤ人団体から、ユダヤ人収容者の救出を求められていた。さらに二月初めにはソ連軍が最後のベルリン防衛線であるオーデル川に到達しており、第三帝国の命運は風前の灯火となっている。くわえて中立国スイスがチェコにある強制収容所からユダヤ人一二〇〇名を救出した、というニュースが二月九日に報道された。大戦初期に親独的な政策をとってきたスウェーデン政府も、いまや中立国として連合国側の抑留者をドイツから救出する必要に迫られた。

スウェーデン外務省はベルリンの公使館に命じて、強制収容所を統括する親衛隊全国指導者兼内相のハインリヒ・ヒムラーとの会合を設定する。敗戦を悲観しており、ソ連による独占領前に英米との講和を模索していたヒムラーは、スウェーデンによる仲介に期待していた。彼はストックホルムから飛んできたバーナドットと二月一九日に面会する。バーナドットは、英米の心証をよくするため、宗教を問わずノルウェー人とデンマーク人を本国に帰国させるよう要請した。ヒムラーは、反独的な両国の軍人や警官を中立国へ移送するのに否定的だった。バーナドットは次善の策として、終戦後すぐに帰国できるようデンマークに近い収容所にスカンディナヴィア人収容者を集める提案に切り替える。ヒムラーはドイツ側による移送に難色を示したが、スウェーデン赤十字が自らの交通手段で活動するのなら移送を許可すると応えた。候補地はハンブルク南部のノイエンガンメ強制収容所と決められた。

白バス救援隊の活動した地域

バーナドットの帰国後すぐに、スウェーデン政府は準備を始める。陸軍に命じてバス三六台と食料(収容者分を含む)・薬・燃料・修理部品などを積むトラック一九台、乗用車七台、バイク七台、補給と連絡に必要なワゴン車、レッカー車などを用意した。一度に最大で一二〇〇名を輸送できる。司令官や連絡将校、運転手・修理工・料理人・医師・看護師など三〇八名全員が軍籍を離れ、赤十字のボランティアとして救助活動に従事する。連合国の爆撃を避けるためイギリス側に救援隊の派遣を通告すると、バスやトラックを白く塗って赤十字のマークを付けるよう助言された。

三月八日、白バス救援隊はスウェーデン南部の鉄道大隊基地ヘスレホルムに集められ、南端のマルメーからフェリーでコペンハーゲンに渡った。フェリーを乗り継いでユトランド半島まで行き、そこから南下してドイツ国境を越えて、一二日にハンブルク近郊フリードリヒスルーに集結した。そこは鉄血宰相ビスマルク終焉の地で、バーナドットの旧知の孫が住んでおり、森に囲まれて爆撃の恐れもない。

独軍や親衛隊将校に付き添われ、一五日から移送が開始される。ドイツ側から受け取った収容者リストに基づき、二手に分けてベルリン北部のザクセンハウゼン、ミュンヘン北部のダッハウ、オーストリアのマウトハウゼンなどの強制収容所を訪れ、収容者をバスに乗せる。ノイエンガンメ収容所にスカンディナヴィア人を集結させて、終戦を待つ計画だった。

四月二日、ベルリンで二度目のバーナドット・ヒムラー会談が開かれた。ヒムラーはオーデル川の防衛線が赤軍に突破されると述べ、英米との単独講和の仲介を至急スウェーデンに要請した。バーナドットはノイエンガンメの収容者をスウェーデンへ移送する許可を求める。当初ヒムラーは否定的だったが、最後には女性や学生の収容者、デンマーク人警察官の帰国だけは認めた。

フェリーで移動する白バス救援隊

デンマーク人が解放される。すぐさまデンマーク政府はドイツとの国境付近パズボーに収容施設や検疫所を作り、バスや救急車など六〇台を用意してノイエンガンメとの間でピストン輸送を開始した。スウェーデン側も収容者の受け入れ準備をすすめる。二隻のフェリーを用意して、独デンマーク国境からマルメーに移送して、解放された人々をあたたかく迎えなければならない。病人も多いため、医療用の収容施設をスウェーデン南部に多数用意した。四月半ばにはパズボーから収容者が続々とマルメーに到着し、手当を受ける。一方でノイエンガンメにスペースができ、新たな収容者を入れることができる。白バス救援隊は、足を延ばしてチェコ北部のテレージエンシュタット強制収容所にいるユダヤ系デンマーク人の移送に着手する。またベルリンの北八〇キロにあるラーフェンスブリュック女性収容所からの移送も始めた。

四月半ば以降、白バス救援隊が機銃掃射の脅威にさらされた。というのも制空権を握る連合国空軍から白バスなら攻撃を受けないことをドイツ側が知り、独軍車両も白く塗り始めたからである。一方で連合軍の独国内侵攻がすすみ親衛隊の統率力も低下しており、白バスによる移送の制限が緩んできた。デンマークへの移送が加速される。四月二三日バーナドットはリューベックのスウェーデン領事館でヒムラーとの最後の会談に臨む。スカンディナヴィア人に限らない収容者全員の強制収容所からの移送を認めさせた。白バス救援隊が百台にまで増強されてラーフェンスブリュックに向かい、パズボーまでの三回の移送で七千名以上の女性を救出した。ただし帰り道で英軍機の機銃掃射にあい、運転手を含め十名以上が命を落としている。親衛隊側も連合国の心証を良くしようと狙って、列車で九千名の収容者をラーフェンスブリュックからパズボーあるいはリューベックまで移送した。リューベックで収容者を乗せたスウェーデン船籍の二隻は無事だったものの、五月三日に収容者を乗せた独豪華客船カップ・アルコナ号と独船三隻は、リューベック沖で英空軍の誤爆によって沈没し、七千名以上が犠牲となった。

白バス救援隊によってスウェーデンに送られた収容者数は、ドイツが降伏する四五年五月八日までに総計で約二万一千人に達した。その中にはデンマークのバスやドイツの列車によって輸送された人々も含まれる。国籍は一五か国以上であり、内訳はスカンディナヴィア人が八千名、ポーランド人が六千名、フランス人が二千五百名ほどである。救われたユダヤ人も八千名を超えた。

# あとがき

筆者は高校生のときに『世界文学全集』を全巻読破しようと試みたが、当時『アンネの日記』は女学生向けだと信じており、あえて手に取らなかった。いまや筆者もアンネの父オットーの歳を超えて、父親の目線から日記を読むことができるようになった。そしてアムステルダムのアンネ・フランク・ハウスを訪れ、狭い隠し部屋に八人もが二年以上も隠れていたことに驚かされた。アンネはジャーナリストになることを夢見ており、ドイツ占領下のオランダが解放された後に日記を出版したいと熱望していた。家族で唯一生き残ったオットーは、亡き「お父さん娘《こ》」の夢をぜひとも実現させてやりたかったにちがいない。日記が世に出たときの彼の気持ちを筆者も共有することが可能である。

二〇〇七年一〇月、筆者はワルシャワ大学で客員教授をしている間に、市内の修道院付属の介護施設に入所していたイレナ・センドレロヴァ（以下、敬称略）に会いに行った。当時は学生だったオルガ・バルバシェヴィチ（現クラクフ大学助教授）が段取りをつけ、通訳も務めてくれた。九七歳の彼女はしっかりした口調で自らのユダヤ人救出劇について語った。当時の印象深い出来事を聞くと、偽の診断書を作り、子供をワルシャワ・ゲットーから連れ出す際の、母子の別れの場面が忘れられないと強調した。是非とも我が子を救って欲しい、しかし今生の別れとなるかもしれない子供を手放したくない。複雑な思いで見送る母親の顔がまぶたに焼き付いて離れない、と言う。そうした悲しみを二度と繰り返させてはならない。ポーランドで起きたナチスによる惨劇とポーランド人によるユダヤ人救出活動を日本

ワルシャワの介護施設でのイレナ・センドレロヴァと筆者

でも知って欲しい、というのが彼女の望みだった。最後にノーベル平和賞候補になっていることを問うと、彼女は「私は賞など欲しくない。たいそうなインタビューを受けると病気になってしまう」と笑った。〇七年のノーベル平和賞は、世界中のメディアを動員した同時コンサートで、地球温暖化問題を派手に訴えた米副大統領アル・ゴアと「気候変動に関する政府間パネル」に贈られた。〇八年五月センドレロヴァはワルシャワで静かに息を引き取った。一三年を経て筆者は彼女の望みを日本人に伝えられる。

　本書を執筆するにあたり、多くの方から助言をえた。アグニエシカ・梅田（ワルシャワ大学日本学科助教授）は、「有徳の人」に叙せられた祖母と叔父のストーリー④を、夫の芳穂（故人）と共に語ってくれた。二〇一六年五月にカウナスで開催された国際会議「北のカサブランカ、カウナスにおける難民と救出者一九三九～四〇年」の参加者シモナス・ストレルツォーヴァス（シャウレイ大学准教授）、パウル・レヴィン（ウプサラ大学准教授）、イリヤ・アルトマン（モスクワ教育大学教授）、ロテム・コーネル（ハイファ大学教授）、エヴァ・パワシュ＝ルトコフスカ（ワルシャワ大学教授）の研究に、本書は依拠している。「有徳の人」の分類に関しては哲学者の小阪康治の助言を受けた。成文社の南里功・佳美父娘には編集と地図作成で大変な手間をかけた。心から感謝したい。

本書では人物写真を多数掲載しているが、コロナ・ウイルス騒動の影響だろうか、閉鎖中のヤド・ヴァシェームからコピーライトの許諾が得られていない。二〇一二年筆者が同施設を訪れた際、手続きすれば写真掲載を認めると「有徳の人」課の課長から内諾を得ていたので、今回は見切り発車となった。

本書の発想は、二〇〇六年一二月に岐阜県可児市の名城大学都市情報学部で開催された「杉原千畝国際シンポジウム――岐阜県からの人道の発信」にまでさかのぼる。それに先立ち筆者はイスラエルのヤド・ヴァシェームを訪れた。そこで知ったのは、ホロコーストからユダヤ人を救った人々が世界中に二万人以上おり、「有徳の人」庭園があってシンドラーや杉原などの著名な人物の木が植樹されているという事実だった。それだけでなくヤド・ヴァシェームには「有徳の人」課というセクションがあり、毎年数十名もの有徳の人を表彰している。さらに表彰した人をリスト化して、国別で『有徳の人百科事典』を十冊以上出版していた。これを日本で紹介できないかと考え、数年かけて事典をすべて購入した。それにくわえて「命のビザ」などの杉原千畝関連文書がユネスコの「記憶遺産」に推薦されたと聞き、それに併せて本を出版しようと企画した。ところが一七年秋にユネスコへの登録が見送られてしまった。

同じころ愛知県教育委員会の稲垣宏恭（現教育企画課長）が移転した名古屋市東区の筆者の研究室を訪れた。愛知県が杉原千畝の母校である名古屋市瑞穂区の瑞陵高校（戦前の第五中学校）正門横に杉原記念公園を造るというのである。併設するプレートの時代考証を依頼され、それが二〇一八年一〇月

名古屋市瑞穂区の杉原千畝広場、センポ・スギハラ・メモリアル

に「杉原千畝広場、センポ・スギハラ・メモリアル」として完成した。二〇二〇年三月に出版された愛知県教育委員会編『杉原千畝と20世紀の日本・世界・愛知』という中学校三年生用の社会科副読本の編纂にも、筆者は参画している。

せっかく完成したメモリアルを放置するのはもったいない。老若男女を問わず訪問者が杉原について十分に理解できるよう、筆者は二〇一八年度から名城大学で「杉原千畝ボランティア・ガイド育成プログラム」を始めた。一九年末までに学生・社会人合わせて約百名のボランティア・ガイドを育成している。その講習をすすめるにあたり、受講者が「有徳の人」について正確な知識を有していないことを知り、ガイド用副読本が必要だと痛感した。本書はそうした経緯から誕生した。

本書の出版に際して名城大学「学びのコミュニティ創出支援事業」から支援を受けている。

二〇二〇年三月　桜の開花を前にした愛知県岩倉市の五条川のほとりにて

稲葉千晴

# 参考文献

Mordecai Paldiel, *The Path of the Righteous: Gentile Rescuers of Jews During the Holocaust*, (Hoboken: KTAV Publishing House, 1993).

Mordecai Paldiel, *Saving the Jews: Amazing Stories of Men and Women Who Defied the "Final Solution"*, (Rockville: Schreiber Publishing, 2000).

José-Alain Franlon, *A Good Man in Evil Times: the Story of an Unknown Hero Who saved Countless Lives in World War II*, trans. Peter Graham, (London: Penguin Books, 2000).

*The Encyclopedia of the Righteous Among the Nations: Rescuers of Jews during the Holocaust,* France, Belgium, Poland I & II, the Netherlands I & II, Europe I & Other Countries, Europe II, Supplementary Volumes I & II, (Jerusalem: Yad Vashem, 2003-2011).［現在、本書の内容のほとんどをYad Vashemホームページで読むことができる。本書で有用なのはホロコーストの状況を各国別に解説しているところだ。］

*To Bear Witness: Holocaust Remembrance at Yad Vashem*, eds. Bella Gutterman & Avner Shalev, (Jerusalem, Yad Vashem Publications, 2005).

*Encyclopedia of the Holocaust*, ed.Robert Rozett & Shmuel Spector, (Jerusalem: Yad Vashem, 2000).

*The Yad Vashem Encyclopedia of the Gettos during the Holocaust*, Vol. I-II, ed.Guy Miron & Shlomit Shulhani, (Jerusalem: Yad Vashem, 2009).

Agnes Grundwald-Spier, *The Other Schindlers: Why some people chose to save Jews in the Holocaust*, (Stroud: History Press: 2010).

Stéphane Bruchfeld and Paul A. Levine, *Tell Ye Your Children…: A book about the Holocaust in Europe 1933-1945*, (Västerås: Living History Forum, 2012).

*Polin: 1000 Year History of Polish Jews*, ed. B.Kirshenblatt-Gimblett & A. Polonsky, (Warsaw: Museum of the History of Polish Jews, 2014).

Majdanek, Memorial and Museum: A Guide, ed. A.Kowalczyk-Nowak, trans. William Brand, (Lublin: State Museum at Majdanek, 2014).

Yad Vashem Homepage, [https://www.yadvashem.org/]

"Righteous Database", in Yad Vashem, [http://db.yadvashem.org/righteous/search.html?language=en]［下記の「有徳の人」で特に参考文献が書いてない項目は本データベースの記述を参照している。］

Comité Français pour Yad Vashem, [http://www.yadvashem-france.org/]［フランス人の「有徳の人」に関して史料を添付して詳しく解説してある。］

Polin Museum, [https://www.polin.pl/en]［ポーランド人の「有徳の人」に関して詳しく解説してある。］

Jewish Foundation for the Righteous, [https://jfr.org/rescuer-stories/]

International Raoul Wallenberg Foundation, [http://www.raoulwallenberg.net/]

『ブリタニカ国際大百科事典』（ＴＢＳブリタニカ、1975 年）
『日本大百科全書』（小学館、1988 年）
マーチン・ギルバート『ホロコースト歴史地図 1918-1948』滝川義人訳（東洋書林、1995 年）
マレク・アルテール『救出者 : なぜユダヤ人を助けたか』幸田礼雅訳（ＮＨＫ出版、1997 年）
『キリスト教辞典』（岩波書店、2002 年）
芝健介『ホロコースト:ナチスによるユダヤ人大量殺戮の全貌』（中公新書、2008 年）
モルデカイ・パルディール『キリスト教とホロコースト』松宮克昌訳（柏書房、2011 年）
中谷剛『アウシュヴィッツ博物館案内』（凱風社、2012 年）
ユーリウス・Ｈ・シェプス『ユダヤ小百科』石田基広他訳（水声社、2012 年）
ジョルジュ・ベンスサン『ショアーの歴史 : ユダヤ民族排斥の計画と実行』吉田恒雄訳（白水社、2013 年）
〈①キンダー・トランスポート——英国に子供たちを逃がせ〉
映画「ニコラス・ウィントンと 669 人の子供たち」（2016 年）
木畑和子『キンダートランスポート：ナチス・ドイツからイギリスに渡ったユダヤ人の子供たち』（成文堂、1992 年）
ヴェラ・ギッシング『キンダートランスポートの少女』木畑和子訳（未来社、2008 年）
木畑和子『ユダヤ人児童の亡命と東ドイツへの帰還：キンダートランスポートの群像』（ミネルヴァ書房、2015 年）
"The Children of Tante Truus", by Miriam Keesing, [http://www.dokin.nl/publications/het-parool-children-of-tante-truus-english]
Muriel Emanuel and Vera Gissing, *Nicholas Winton and the Rescued Generation*, (London: Valentine Mitchell, 2001).
Barbara Winton, *If it's Not Impossible…: the Life of Sir Nicholas Winton*, (Kibworth Beauchamp: Matador, 2014).
映画「ONE LIFE：奇跡が繋いだ 6000 の命」（2023 年）
〈②ボルドーでヴィザ三万通を発給したポルトガル外交官〉
"Sousa Mendes Foundation", [http://sousamendesfoundation.org/]
『スペイン・ポルトガル史』立石博高編（山川出版、2000 年）。
Jose-Alain Fralon, *A Good Man in Evil Times: The Heroic Story of Aristides de Sousa Mendes, The Man Who Saved the Lives of Countless Refugees in World War II*, trans. Peter Graham, (London: Penguin Books, 2001).
〈③ウィーンで中国ヴィザを発給した反骨の中国外交官〉
Feng-Shan Ho, *My Forty Years As a Diplomat*, trans. Monto Ho, (Pittsburg: Drance, 2010).
〈④ナチス占領下のワルシャワでユダヤ人を匿う〉
2007 年 10 月 23 日梅田芳穂・アグニエシカ夫妻へのインタビュー、ワルシャワ

〈⑤マルセイユで二千人を救った米ジャーナリスト〉

Agnes Grunwald-spier, *The Other Schindlers: Why Some People Chose to Save Jews in the Holocaust*, (Stroud : History Press, 2011).

〈⑦隠れ家はワルシャワ動物園〉

映画「ユダヤ人を救った動物園：アントニーナが愛した命」(2017 年)

"The House under A Wachy Star: Jews in hiding at the Warsaw Zoo", Polin Museum [http://www.sprawiedliwi.org.pl/wystawa-en/zydzi-ukrywani-w-zoo/#!/warszawskie-zoo]

"Code name: Fox", *Haaretz Daily Newspaper*, 21.02.2008 [http://www.haaretz.com/code-name-fox-1.239838]

ダイアン・アッカーマン『ユダヤ人を救った動物園――ヤンとアントニーナの物語』青木玲訳（亜紀書房、2009 年）

〈⑧ル・シャンボン・シュル・リニョン――プロテスタント村の奇跡〉

Philip P. Hallie, *Last Innocent Blood Be Shed: The Story of the Village of Le Chambon and How Goodness Happened There*, (New York: Harper Perennial, 1994).

〈⑨杉原千畝〉〈⑩キュラソー・ヴィザ〉

*The American Jewish Year Book, Vol. 42, October 3, 1940 to September 21, 1941*, (Philadelphia, Jewish Publication Society of America, 1940).

杉原幸子『六千人の命のビザ』（大正出版、1993 年）

Yehuda Bauer, *American Jewry and the Holocaust. The American Jewish Joint Distribution Committee,* (Detroit: Wayne State University Press, 1981).

ゾラフ・バルハフティク『日本に来たユダヤ難民』滝川義人訳（原書房、1992 年）

『自由への逃走：杉原ビザとユダヤ人』中日新聞社会部編（東京新聞出版局、1995 年）

Efraim Zuroff, *The Response of Orthodox Jewry in the United States to the Holocaust: The Activities of the Vaad-HaHatzala Rescue Committee, 1939-1945*, (New York, 2000).

*Flight and Rescue*, ed. US Holocaust Memorial Museum, (Washington DC.: USHMM Council, 2001).

Hillel Levine, *In Search of Sugihara: The Elusive Japanese Diplomat Who Risked His Life to Rescue 10,000 Jews from the Holocaust*, (New York: Free Press, 1996). [ ヒレル・レヴィン『千畝：一万人の命を救った外交官杉原千畝の謎』諏訪澄・篠輝久訳（清水書院、1998 年）]

金子マーティン『神戸・ユダヤ人難民 1940-1941：「修正」される戦時下日本の猶太人対策』（みずのわ出版、2003 年）

丸山直起『太平洋戦争と上海のユダヤ難民』（法政大学出版局、2005 年）

白石仁章『諜報の天才杉原千畝』（新潮選書、2011 年）

北出明『命のビザ、遥かなる旅路』（交通新聞社、2012）

イリヤ・アルトマン「ロシアおよび海外公文書館における「正義の人」杉原千畝に関する新たな文書の発見：国際協力の経験と展望」『Asia Japan Journal（国士舘大学アジア・日本研究センター）』Vol.11 (2015), 61-68 頁。

映画「杉原千畝：スギハラチウネ」（2015 年）
『神戸の歴史：神戸開港 150 年記念』第 26 号（2017 年）
*A Golden Bridge: Spanning Two Centuries of Masores Hatorah, Vol.1 Poland & Shanghai,* (Jerusalem: Yeshivas Mir Yerushalayim, 2017).
*Casablanca of the North: Refugees and Rescuers in Kaunas 1939-1940*, ed. Vytautas Magnus University, (Kaunas: Sugihara Diplomats for Life Foundation, 2017).
Andrew Jakubowicz, “Stopped in flight: Shanghai and the Polish Jewish refugees of 1941”, *Holocaust studies: a journal of culture and history*, Vol 24, No.3, (2018), pp.287-304.
Simonas Strelcovas, *Geri, blogi, vargdieniai: C. Sugihara ir Antrojo pasaulinio karo pabėgėliai Lietuvoje*, (Vilnius : Versus Aureus, 2018). [ シモナス・ストレルツォーヴァス『第二次大戦下リトアニアの難民と杉原千畝：「命のヴィザ」の真相』赤羽俊昭訳（明石書店、2020 年）]
ロテム・コーネル「千畝が救った神学生たち」『中日新聞』2018 年 10 月 5 日夕刊
菅野賢治「『福井新聞』に見る戦時期日本へのユダヤ難民到来：第二部 1941 年」神戸ユダヤ文化研究会『ナマール』第 23 号（2018）、47-65 頁。
丸山直起『ホロコーストとアメリカ：ユダヤ人組織の支援活動と政府の難民政策』（みすず書房、2018 年）
エヴァ・パワシュ＝ルトコフスカ、アンジェイ・タデウシュ・ロメル『日本・ポーランド関係史（増補改訂）』（彩流社、2019 年）
愛知県教育委員会編『杉原千畝と 20 世紀の日本・世界・愛知』稲葉千晴監修（浜島書店、2020 年）
稲葉千晴「リトアニアから見た杉原千畝の「命のヴィザ」:ユダヤ難民の通説を疑う」『世界史教育研究』第 7 号（岡崎、愛知県世界史教育研究会、2020 年）39-48 頁。
北出明『続命のビザ、遥かなる旅路：7 枚の写真とユダヤ人救出の外交官たち』（パレード、2020 年）
稲葉千晴「第二次世界大戦初期、隣国に逃れたポーランド将兵とリトアニア政府の対応」『軍事史学』第 57 巻第 1 号（2021 年）48-56 頁。
菅野賢治『「命のヴィザ」言説の虚構』（共和国、2021 年）
石郷岡健『杉原千畝とスターリン』（五月書房、2022 年）
*Sugihara Chiune and the Soviet Union: New Documents, New Perspectives*, David Wolff, TAKAO Chizuko and Ilya Altman, eds., *Slavic-Eurasian Studies* No.35 (Sapporo: Slavic-Eurasian Research Center, Hokkaido University, 2022).
Rotem Kowner, “The Mir Yeshiva’s Holocaust Experience: Ultra-Orthodox Perspectives on Japanese Wartime Attitudes towards Jewish Refugees”, *Holocaust and Genocide Studies*, Vol.36, Issue 3, (2022), pp. 295-314.
松本正三「神戸におけるユダヤ難民の足跡」神戸外国人居留地研究会編『近代神戸の群像』（神戸新聞出版センター、2023 年）330-351 頁。
稲葉千晴「『命のヴィザ』と米ユダヤ基金の難民支援」『名城大学総合研究所紀要』

第 28 号（2023 年 5 月）141-144 頁。
Rotem Kowner, “The Puzzle of Rescue and Survival: The Wartime Exodus of Jewish Refugees from Lithuania and their Japanese Savior Redux”, *Journal of World History*, Vol.35, No.2, (2024), pp.297-332. Archival Documents:
「偽杉原ヴィザ・ファイル」リトアニア国立特別公文書館（ヴィルニュス）Lietuvos ypatingasis archyvas, Fond: K-1 (KGB fond), Catalogue: 58 (PPB: Catalogue of Criminal Cases), File: 37504/3
“JDC Annual Report 1940: Aiding Jews Overseas; Report of the American Jewish Joint Distribution Committee, Inc. for 1940 and the first 5 months of 1941”, Administration, Reports, Annual, 1940, 1933-1944 New York Collection, ID: 2702656, JDC Archives, NewYork.
“Lithuania, General, 1940 June-September”, File 731, 1933-1944 New York Collection, JDC Archives.
“Beckelman, Moses, W.”, File: #123b, JDC Administration, Personnel, JDC Archives.
“The Japanese Wallenberg - Chiune Sugihara”, *Anu - Museum of the Jewish People in Tel Aviv* [https://www.anumuseum.org.il/blog/sugihara/]
〈⑪アルトーフ・サーカス、巡業団で匿う〉
Christoph Kaltscheuer (Bonn), “Adolf Althoff: Zirkusdirektor (1913-1998)” *Biographien, Portal Rheinische Geschichte.* [http://www.rheinische-geschichte.lvr.de/Persoenlichkeiten/adolf-althoff-/DE-2086/lido/57a9e0bebca122.35295435]
〈⑫独空軍倉庫係の隠れ家〉
David Silberman, *Like a Star in the Darkness: Recollections about Janis (Zhan) Lipke*, trans. Liuba Rakhman, (Riga: Jewish Cultural Center, 2007).
〈⑬ジェゴタ――子供たちをワルシャワ・ゲットーから救い出せ〉
“Biografia”, *Fundacja im. Zofii Kossak* [http://zofiakossak.pl/?page_id=12]
”The story of Wanda Krahelska-Filipowiczowa”, Polin Museum, [https://sprawiedliwi.org.pl/en/stories-of-rescue/story-wanda-krahelska-filipowiczowa]
“Story of Julian Grobelny”, Polin Museum, [https://sprawiedliwi.org.pl/en/stories-of-rescue/story-julian-grobelny]
“Irena Sendler’s Biography”, Polin Museum, [https://sprawiedliwi.org.pl/en/o-sprawiedliwych/irena-sendlerowa/biografia-ireny-sendlerowej]
Władysław Bartoszewski & Zofia Lewin, ed., *Righteous Among Nations: How Poles Helped the Jews 1939-1945*, (London: Earlscourt Publications, 1969).
尾崎俊二『記憶するワルシャワ――抵抗・蜂起とユダヤ人援助組織 **ŻEGOTA**「ジェゴタ」』（光陽出版、2007 年）
ティラー・J・マッツェオ『イレナの子供たち：二五〇〇人のユダヤ人の子供たちを救った勇気ある女性の物語』羽田詩津子訳（東京創元社、2019 年）
〈⑭東ガリツィアで石油会社従業員を救った若き経営者〉

Bernd Schmalhausen, *A Man of Courage in An Inhuman Time: Berthold Beitz in the Third Reich*, (Jerusalem: Yad Vashem Publications, 2006).
〈⑮二万人のユダヤ人に追放除外証明書を発行した市長〉
柴宣弘編『バルカン史』（山川出版、1998 年）
"Traian Popovici and the Jews of Czernowitz", Jewish Virtual Library, [https://www.jewish-virtuallibrary.org/traian-popovici-and-the-jews-of-czernowitz]
Dr.Traian Popovici, "My Declaration", trans. Jerome Silverbush, *JewishGen* Website. [https://www.jewishgen.org/yizkor/Bukowinabook/buk2_062.html]
〈⑯世界にホロコーストの実態を伝えた男〉
映画「ショア」（1986 年）
ヤン・カルスキ『私はホロコーストを見た：黙殺された正規の証言１９３９～４３』上下巻、吉田恒雄訳（白水社、2012 年）
〈⑰ナンシーで検挙情報を漏らした七人の刑事〉
渡邉和行『ナチ占領下のフランス：沈黙・抵抗・協力』（講談社選書メチエ、1994 年）
〈⑱ユダヤ人を匿った元大統領夫妻〉
*Jewish Calendar 2016/17,* (Vilnius: Lithuanian Jewish Community, 2016).
エイディンタス、ブンブラウスカス、クラカウスカス、タモシャイティス『リトアニアの歴史』梶さやか、重松尚訳（明石書店、2018 年）
〈⑲命を懸けた農民による救出〉
The Ulma Family Museum of Poles Saving Jews in World War II, Markowa, Poland, [https://muzeumulmow.pl/en/]
〈⑳七千名を中立国スウェーデンに逃がせ〉
エミー・Ｅ・ワーナー『ユダヤ人を救え！デンマークからスウェーデンへ』池田年穂訳（水声社、2010 年）
〈㉑マイヨ・ジョーヌを纏った救出者〉
Aili and Andres McConnon, *Road to Valor: A True Story of World War II Italy, the Nazis, and the Cyclist who inspired a Nation*, (New York: Broadway Paperbacks, 2012).
〈㉒「戦場のピアニスト」を救った独士官〉
映画「戦場のピアニスト」（2002 年）
ウワディスワフ・シュピルマン『戦場のピアニスト』佐藤泰一訳（春秋社、2003 年）
ヴォルフラム・ヴェッテ編『軍服を着た救済者たち――ドイツ国防軍とユダヤ人救出工作』関口宏道訳（白水社、2014 年）
平山令二「ユダヤ人を救った人々：ヴィルム・ホーゼンフェルト大尉」『人文研紀要（中央大学人文科学研究所）』第 59 号（2007 年）1-19 頁
ヘルマン・フィンケ『戦場のピアニストを救ったドイツ国防軍将校』高田ゆみ子訳（白水社、2019 年）
〈㉕ユダヤ幼児の里親リストを隠し通した教師〉
Suzanne Vromen, *Hidden children of the Holocaust: Belgian nuns and their daring rescue*

*of young Jews from the Nazis,* (Oxford: Oxford UP, 2008).
〈㉖ユダヤ人登録書類を偽造・破棄したイタリア警察高官〉
"Italian Praised for Saving Jews Is Now Seen as Nazi Collaborator", *The New York Times* on 19.06.2013.
〈㉗アプヴェーア（独国防軍情報部）を利用した出国偽装工作〉
Elisabeth Sifton & Fritz Stern, *No Ordinary Men: Dietrich Bonhoeffer and Hans von Dohnanyi*, (New York: New York Review Book, 2013).
〈㉘アンネ・フランクを助けた人々〉
anne frank house, Amsterdam[https://www.annefrank.org/en/]
ミープ・ヒース『思い出のアンネ・フランク』深町眞理子訳（文藝春秋、1987 年）
アンネ・フランク『アンネの日記』深町眞理子訳、増補新訂（文藝春秋、2003 年）
*Museum Guide*, (Amsterdam: Jewish Historical Museum, 2007).
『アンネ・フランクの家：物語のある博物館』（アンネ・フランク財団、2011 年）
〈㉙アウシュヴィッツで人体実験を拒否した女性医師〉
映画「栄光への脱出」（1960 年）
〈㉚シンドラーのリスト〉
映画「シンドラーのリスト」（1994 年）
Oskar Schindler's Enamel Factory, [https://www.muzeumkrakowa.pl/exhibitions/krakow-under-nazi-occupation-1939-1945]
David M. Crowe, *Oskar Schindler: the Untold Account of His Life, Wartime Activities, and the True Story behind the List*, (Cambridge: Westview Press, 2004).
〈㉛ブダペスト――ホロコースト最大の救出劇〉
Glass House: Carl Lutz Foundation, [http://www.uveghaz.org/?categoryId=36511]
*The Nazis' Last Victims: The Holocaust in Hungary*, ed. Randolph L. Braham & Scott Miller, (Detroit: Wayne State University Press, 1998).
Paul A.Levine, *Raoul Wallenberg in Budapest: Myth, History and Holocaust*, (London: Vallentine Mitchell, 2010).
Raoul Wallenberg: A Man Who Made a Difference, [https://sweden.se/society/raoul-wallenberg-a-man-who-made-a-difference/#]
ICRC in WW II: Friedrich Born, "Righteous Among the Nations", [https://www.icrc.org/en/doc/resources/documents/misc/57jnx3.htm]
Anchi Hoh, "The Angel of Budapest: Ángel Sanz Briz", *4 Corners of the World, International Collection*, Library of Congress: 2017, [https://blogs.loc.gov/international-collections/2017/01/the-angel-of-budapest-ngel-sanz-briz/]
モルデカイ・パルディール『ホロコーストと外交官：ユダヤ人を救った命のパスポート』松宮克昌訳（人文書院、2015 年）
〈㉜白バス救援隊――断末魔の第三帝国から収容者を救い出せ〉
Agneta Greayer and Sonja Sjöstrand, *The White Buses: The Swedish Red Cross rescue*

*action in Germany during the Second World War*, (Stockholm: Swedish Red Cross, 2000), [http://www.redcross.se/contentassets/4b0c5a08761c417498ddb988be6dd262/the-white-buses.pdf]

Sune Persson, *Escape from the Third Reich: Folke Bernadotte and the White Buses*, trans. Graham Long, (London: Frontline Books, 2009).

# 写真図版出典

Yad Vashem Homepage：p.17, 33, 36, 44, 52, 53, 54, 56, 60, 62, 66, 68, 85, 99, 106, 107, 108, 110, 114, 118, 120, 124, 128, 130, 134, 135, 137, 138, 139, 140, 141, 144, 146, 148, 158, 160, 163, 165, 166, 169.

Simonas strelcovas: p.8.

Ukrainian Center, Vytautas Magnus University: p.9.

Foundation E.G. Bührle Collection: p.21.

Temple Beth El homepage [https://www.tbe.org/event/warsaw-ghetto/warsaw-ghetto/]: p.27.

Irena Sendlerowa: p.38, 110.

Barbara Winton: p.44.

Jose-Alain Fralon, *A Good Man in Evil Times*: p.48.

アグニエシカ・梅田：p.54, 55.

外務省外交史料館：p.69.

Creative Commons Licence: p.24, 56, 143, 174.

Google Streetview：p.61, 136.

敦賀市役所：p.96.

"The Lermer Family's Escape to Tokyo", Montreal Holocaust Museum, [https://museeholocauste.ca/en/objects/the-lermer-familys-safe-conduct-chiune-sugihara/]: p.80.

愛知県教育委員会編『杉原千畝と 20 世紀の日本・世界・愛知』: p.69, 71, 81, 103, 182.

シモナス・ストレルツォーヴァス『第二次大戦下リトアニアの難民と杉原千畝』: p.74, 76, 77, 84.

JDC Archives: p.93.

Agdath Israel Archives: p.97.

ANU – Museum of the Jewish People, Tel Aviv: p.90.

リトアニア国立特別公文書館 : p.91.

*Flight and Rescue*, ed. US Holocaust Memorial Museum: p.102, 104.

Polin Museum: p.110.

Bernd Schmalhausen, *A Man of Courage in An Inhuman Time*: p.115, 117.

稲澤宏行：p.123.

*Jewish Calendar 2016/17*: p.126.

The Ulma Family Museum of Poles Saving Jews in World War II homepage: p.129.

Elisabeth Sifton & Fritz Stern, *No Ordinary Men*: p.149, 150, 151.

『アンネ・フランクの家：物語のある博物館』p.152, 153, 157.

Glass House: Carl Lutz Foundation homepage: p.168.

*Escape from the Third Reich*：p.174, 177.

Olga Barbasiewicz: p.180.

筆者撮影：p.11, 12, 13, 18, 19, 20, 28, 29, 30, 31, 35, 50, 63, 65, 83, 86, 109, 113, 154, 155, 161.

## 著者紹介

稲葉千晴（いなば・ちはる）

1957年栃木県小山市生れ。早稲田大学大学院修了。早稲田中学・高校教諭、東洋英和女学院短大助教授を経て、名城大学都市情報学部教授。博士（法学）。専門は国際関係論。著書に『明石工作：謀略の日露戦争』（丸善ライブラリー、1995年）、『バルチック艦隊ヲ捕捉セヨ：海軍情報部の日露戦争』（成文社、2016年）、編著に『ロシア外交史料館日本関連文書目録』Ⅰ、Ⅱ（ナウカ、1996-97年）、*Rethinking the Russo-Japanese War, 1904-5, Vol II: The Nichinan Papers,* ed. Chapman & Inaba (Kent: Global Oriental, 2007)、訳書にコンスタンティン・プレシャコフ『日本海海戦、悲劇への航海：バルチック艦隊の最期』上下巻（ＮＨＫ出版、2010年）などがある。

増補改訂版　ヤド・ヴァシェームの丘に

——杉原千畝とホロコーストからユダヤ人を救った人々

2024年10月11日　初版第1刷発行

著　者　稲葉千晴

装幀者　山田英春

発行者　南里　功

発行所　成文社

〒258-0026 神奈川県開成町延沢580-1-101

電話 0465 (87) 5571

振替 00110-5-363630

http://www.seibunsha.net/

落丁・乱丁はお取替えします

組版　編集工房 dos.

印刷・製本　シナノ



Printed in Japan

ISBN978-4-86520-066-9 C0022